JN156826

ワイガヤの本質

"ひらめき"は必然的に起こせる

清水康夫
青山和浩
白坂成功
大泉和也
内田孝尚 著

日刊工業新聞社

はじめに

本書の目的は、イノベーションの本質を理解し、誰でも実践できるようにすることである。かつての日本は、独創的な新しい価値を提供する商品をいくつも産み出し、世界を驚かせてきた。しかし最近では、世界に影響を与えるイノベーティブな製品が日本企業から産まれたという話はすっかり影をひそめた。グローバル化が進み国際競争が激化する中で、由々しき問題であり、新しい価値を提供する独創的な製品を産み出す力を早急につけなくてはならない。

では、イノベーティブな製品とは、どのように産み出せば良いのだろうか。私たちが産み出せないとすると、何が問題なのか。

・組織の問題なのか？
・個人の能力、やる気の問題なのか？
・何か特別なコツがあるのか？

これらの疑問に答えるために、本書では、集団的創造が不可欠であることを繰り返し述べている。その集団的創造の代表的な活動であるワイガヤにスポットを当て、イノベーションを生み出すメカニズムと活動のポイントを明確にし、その源泉である「気づき」から「ひらめき」を生み出す「コツ」を炙り出していく。

新しく、インパクトのある画期的な「モノ」や「コト」は、いったいどうのように生み出されてくるのであろうか。

多くの人は、イノベーションにつながるひらめきは、天才的な個人に天啓のようにもたらされるもので、天才の生まれにくいわが国には不向きなものであると決め付けているのではないだろうか。しかし本書では、イノベーションにつながる「ひらめき」（本書では、セレンディピティと読んでいる）は、その真逆、天啓などの偶然に委ねたものではなく、集団の営みの中からこそ必然的に生み出されるものであることを明らかにしている。そしてその集団的な活動のキーを握るのが本書のテーマである「ワイガヤ」なのである。

ワイガヤは、あなたになにをもたらすか

誤解をされると困るのだが、ワイガヤは個人の主張や経験をみんなで平均化して、なんとなく当たり障りのないアウトプットを集団で求める活動ではない。みんなの想いをモノやコトとして具現化することにより、参加メンバー自身や、ひいては顧客自体の価値感をパラダイムシフトさせるイノベーション活動である。つまり、できるかできないかではなくて、価値観を変えるほどの大きなインパクトから逆算して、どのようなモノやコトを実現すべきかの解を求める活動である。

人は、個人ではなかなか自身の殻を破ることができない。このため課題解決のための種出しが不十分となり、結果として、誰もが腑に落ちる解を導き出すことも、目的実現までの道のりのアタリ付けもできなくなる。しかし、読者の皆さんの多くは、新しいモノやコトを創造するときや、開発中に遭遇した課題に行き詰ったときにどうすればよいのか知っている。関係者が集まり、それぞれの立場から原理原則に立ち返って議論すれば、解に辿り着くことができることを知っている。しかし、納得のいく、これならいけるという手応えのある解がどれだけ得られただろうか。結局、それは課題解決のための形式的な議論を知っているだけかもしれない。

ワイガヤとは別に、社会を変革するイノベーションを産み出す仕組みとして世界中で注目されているものに「デザイン・シンキング」がある。米国で登場したデザイン手法である。新しいモノづくりのための手法として期待され、日本にも輸入されている。

しかし、デザイン・シンキングのコアは、誰がなんといっても集団による創造である。あれほど個人主義であったはずの米国人が、集団的創造の力に着目し、積極的に展開しているのである。デザイン・シンキングの起源には日本の集団的創造があるとも言われる。まさに時代が要求する創造活動が、日本が実践してきた集団的創造であり、かつての高度経済成長期に復興をかけて取り組んだ集団的創造が、世界的に注目されているのである。

それでは、その集団的創造で期待される私たちや世の中が望む解とは、どのようなものなのか。それは、一言で言うと、新しい次元であり、科学的に正しい論理（1＋1＝2）ではなく、3以上の結果を出すことである。2では誰でも同じ答えとなり進歩はない、この＋1以上に創造の意味があり、望

まれる解が潜んでいるのである。だから総意で創造的活動が展開されなければならないのである。

集団のもつ多様な発想を存分に引き出すためには、なによりも自由闊達な場づくりが重要である。これができれば、思いもよらぬ発想があちらこちらで飛び交い、これらの発想に喚起され新たな「気づき」が生まれる。そうすると、そこから、また新たな発想が生まれ、これを繰り返すうちに個人では想定しえないような「ひらめき」を得ることができるのである。ここで重要なことは、期待を超えた心からの「納得」であり、その方法論を解き明かし誰でも実践できるようにすることが、本書の狙いである。

これは技術議論だけでなく、目的や目標、計画や施策などの創出時の議論でも同様である。また、環境問題、人口問題、食料問題、格差問題など、日本だけではなく世界が抱える社会の諸問題を解決するための大きな仕組みづくりにも有効である。

しかし、実施方法を表面的に捉えていると、結論を先送りした、ただ、だらだらとした会議になる危険性もある。そうならないように本書では、ワイガヤを紐解き、そのメカニズムとポイントを明確にするために、できるだけ具体例を使って説明したこと、学術的な説明を試みたこと、さらに多くのイノベーション実例と対比したこと、によりその本質が誰でも理解できるように配慮した構成となっている。

ワイガヤの本質をとらえていれば、職場環境が変わって、課題状況が異なっても、臨機応変に対応することにより実践できる。その結果、様々な職場で解に至るひらめきが必然的に生み出され、あちらこちらでイノベーションが巻き起こることを期待する。

本書の構成

本書は、7章で構成されている。第1章は、現在の日本においてイノベーションが重要であるとの立場から、「イノベーティブな創造」について理解を深めるために、イノベーティブな技術がどのようにして生まれたのか、開発当初や黎明期に遡って、イノベーションに必要な環境、条件、要素、あるいはその状況下において生まれる発意(気づきやひらめき)からイノベーションの具現化に至る思考の道筋に触れている。

続いての第２章は、イノベーションを起こすために必要なセレンディピティについて議論する。これまでのイノベーティブな製品から、東京オリンピック時のインフラ、ミシン針、時計 G-SHOCK などの開発事例を取り上げ、セレンディピティの体現秘話を紹介する。精神的に追い詰められたときのひらめきや、集団的な雰囲気、高揚感がもたらすひらめきに注目する。特に、ホンダの環境対応エンジン開発におけるセレンディピティの体現エピソードでは、精神的に追い詰められた集団的な雰囲気、高揚感の中でもたらされたセレンディピティとイノベーションの具体例を詳述する。

第３章は、本書の主題である「ワイガヤ」について説明する。ワイガヤの基本的な考え方や方法、またそれらに込められた思いについて、単に方法、作法のノウハウ的なものではなく、ワイガヤを実行する上で重要な哲学にまで踏み込んで理解できるように解説する。つまりワイガヤの本質（本当のワイガヤ）に迫る。ワイガヤ誕生の秘話から、セレンディピティの体現より世界中の人たちが待ちに待った夢の車を創出するまでのエピソードを紹介する。

続く第４章では、イノベーティブな商品を産み出す過程でのワイガヤの役割を紹介する。ワイガヤによる集団創造活動において、「気づき」、「ひらめき（セレンディピティ）」が生起され、それをどのように商品作りで活かし、イノベーションに繋げてゆくのか具体例を用いて説明する。

第５章は、ワイガヤを学術的に究明し、体系化する試みを紹介する。ワイガヤをより深く理解するために、設計学の理論を参照し、ワイガヤでの思考を可能な限り理論的に説明することを試みた。これにより、ワイガヤの効果を数理的な理論に基づいて理解し、ワイガヤによってセレンディピティを必然化する可能性について議論する。

続く第６章では、世界中で話題になっているデザイン思考の考え方、手法を紹介し、これまで説明してきたワイガヤと比較することによって相違点を明確にした。デザイン思考とワイガヤとの相違を理解することにより、ワイガヤにおける集団的創造活動の特徴を浮き彫りにし、実践する上でのもろもろの課題に対処できるように配慮した。

最終章となる第７章では、セレンディピティを必然へと変える仕組みの本質に迫る。セレンディピティの実践事例を取り上げてそれらの共通事項を整理し、ワイガヤとの対比により必然に変えるポイントを明確にして、経験をあまり必要としなくても誰にでもセレンディピティを実践できるようする。つまり、イノベーションを確実なものにするために、「発見」や「気づき」のためにすべきこと、「ひらめき」のためにすべきことを整理する。

2018年3月　著者

目次

第2章 イノベーションに必要な“セレンディピティ”とは

第3章 ワイガヤを理解し、みんなでイノベーション

第6章 ワイガヤの特徴：デザイン・シンキングとの比較からの理解

第7章 セレンディピティ実践の心構え

第1章

みんなで取り組むイノベーション

日本の製造業が持っていた優位性はすでに過去のものとなり、現在、我が国は経済的にも技術的にも非常に厳しい状況にあると言える。中韓やそれに続いて台頭しつつあるASEAN諸国に対するコスト競争には限界があり、品質面においても技術的な差が急激に縮まりつつある。この状況から抜け出し、日本がモノづくりのグローバルリーダとして世界を牽引していくためには、「今までにない魅力的な商品を生み出していく力」、つまりイノベーティブな価値創造力を身につける必要がある。そして、自動車・携帯電話・インターネットのように、人々の生活を大きく転換（パラダイムシフト）し、それが無くては生活が成り立たないような品々、およびそれらを具現化するための技術やサービスを次々と生み出すことが必要なのである。

しかし、それらの技術やサービスは、たとえば、ベルの電話機の発明（1876年）から家庭用固定電話機、そして現在の携帯電話のように、誕生から現在の姿に成長するまでには多くの課題を克服してきた長い歴史があり、そこには様々な人々による創意工夫の開発ドラマがある。みんなで取り組み築き上げた結果なのである。現在のような成熟された姿だけを眺めて、これを目標としても真の創造は望めない。単に後を追いかけたり、効率のみを追求することになりかねない。それどころか、考えることすらしなくなってしまう可能性がある。次の世代に繋がるような普遍的な価値創出でなくてはならないのだ。私たちは、生来的に社会を豊かにするイノベーティブな創造を求めている。

そこで本章では、イノベーティブな価値創造力を身につけるために、まずイノベーションとは何か、またどのような活動なのかを再確認したあとで、イノベーションに繋がる創造の種（気づきやひらめき）に注目し、この種を技術やサービスにどのようにして繋げてゆくのか、過去のイノベーション事例を取り上げて、開発当初や黎明期に遡って眺めてみたい。そのうえで、創造に必要な環境、条件、要素、あるいはその状況下において生まれる発意（創造の種）から具現化に至る思考の道筋を炙り出すことを試みる。

1-1 私たちが切望するイノベーションとは何か？

イノベーションとは一体、何を指すのだろうか。これまで多くの経済学者や経営学者がイノベーションを定義してきた。しかし本書では、まず、私たちが切望するイノベーションを定義したい。次に、そのイノベーションは一体どのような活動をすれば起こせるのかを考えてみたい。

スーパーカブ（HONDA）
1958年（昭和33年）
8月に発売、自動遠心ブラッチにより片手で運転できるようにした50ccバイク

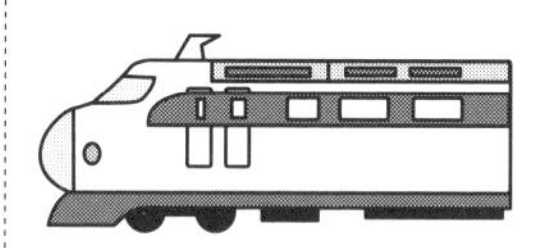

新幹線（日本国有鉄道）
1964年（昭和39年）
10月1日に東京駅ー新大阪間に開業
時速210km/h

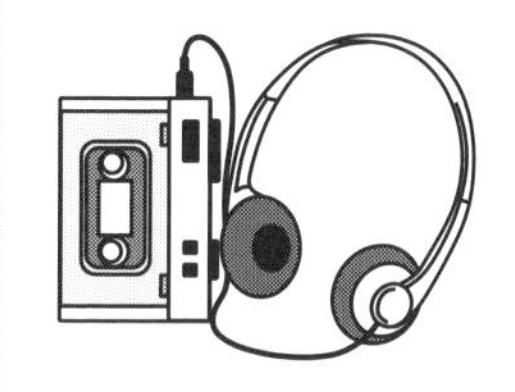

ウォークマン（SONY）
1979年（昭和54年）
7月1日発売、ステレオ再生に特化

図1.1　人々の生活を一変させたモノ（商品）

かつて、「スーパーカブ」や「新幹線」、あるいは「ウォークマン」がそうであったように、私たちは、「世の中に今までないモノを産み出し、新しい価値でパラダイムシフトをもたらすこと」、つまり、豊かな社会を築くイノベーションを待ち望んでいる。そして、このような待ち望まれている製品を創造する力こそがイノベーティブな価値創造力なのである（図1.1）。

私たちの今日の生活を見ると、このことが一層明確になる。身のまわりには冷蔵庫・洗濯機・掃除機・エアコン・テレビ・パソコン、ちょっと遠くに目をやれば自動車・電車・飛行機などがある。また欲しいものが即、簡単に手元に届くのも、ネット決済や高度なロジスティクスが支えているからである。これらのように、今日、私たちが当たり前のように使っている「モノ」や行っている「コト」は、これまでのイノベーションによって実現された賜物である。つまり、私たちが今これから起こそうとしているイノベーションも、「私たちの明日の当たり前を創る活動」であり、私たちの生活や、ひいては人類の発展にとって必要不可欠なのである（図 1.2）。この活動こそが、私たちが切望するイノベーションであり、これから本書で扱うイノベーションは、この活動を指すこととする。

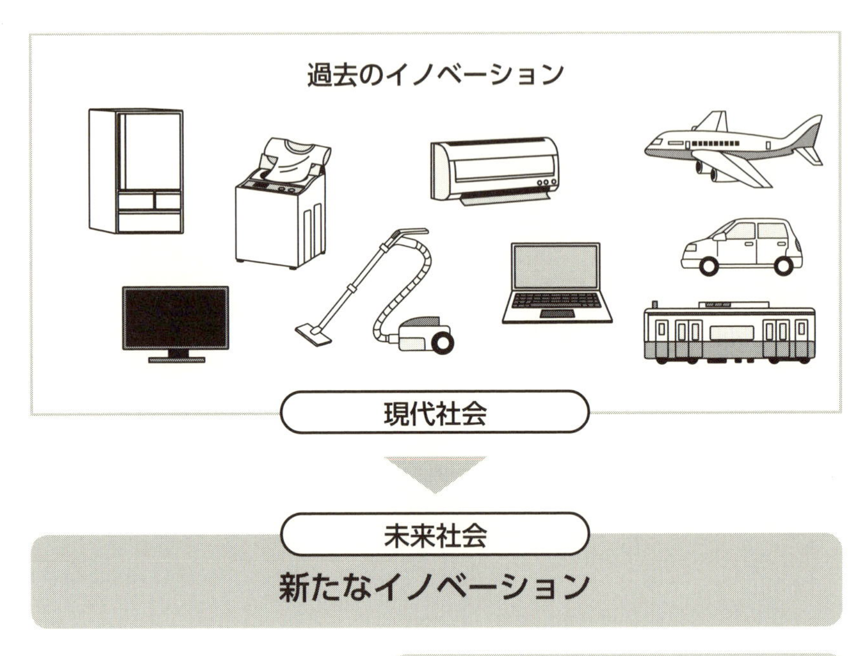

図 1.2　未来社会は新たなイノベーションから

このように改めて定義してみると、私たちにとってイノベーションはいかに重要な活動であるかが理解できる。さらにこの活動の中身を良く見ると、「新しい価値を創出する活動」というだけでなく、「普及させる活動」も重要な役割を果たしていることに気づく。つまり、テレビコマーシャルやチラシなどを何気なく見ているが、新しく創出されたモノやコトを多くの人の目に留まるように仕向け、消費者の購買意欲に働きかけ、訴求する役割もなくてはならない活動なのである。心から納得してもらうことが重要であり、このことにより価値観に変化をもたらすのである。次に、これらの活動について調べてゆく。

(1) 新しい価値を創出する活動：集団によるイノベーション

日本が経験した高度経済成長の時代には、モノも技術も資本も乏しい状況から、「スーパーカブ」や「新幹線」、あるいは「ウォークマン」といった社会生活を変革する工業製品を産み出し、世界を席巻するまでに至った。即ちイノベーションを巻き起こしたのである。この時代、エンジニアたちは白熱した議論を徹底的に行い、世の中に存在しない全く新しいモノを創造し、魅力ある製品に仕上げて世に送り出していった。

その根源には、たとえば新幹線の生みの親としても有名な十河信二（そごうしんじ）に代表されるように、当時の技術者たちの戦後の復興に貢献したいという「強い欲求」があった。このような志を同じくした者たちが、みんなで日夜議論を戦わせることで、他人と自分とのぶつかり合いから知識・思考が磨かれ、その結果、「作るべきモノ」や「提供すべきサービス」が精錬されていった。その過程でイノベーティブな価値創造につながる「気づき」を得て、そこから魅力ある製品に繋がる「ひらめき」が生まれたのである。

また、今でも世界中で愛され続けているオートバイ、スーパーカブを生み出したホンダは、「ワイガヤ」と呼ばれる手法を編み出した。このワイガヤとはその名のとおり、みんなでワイワイガヤガヤと、役職、年令、性別、所属の垣根を取り払った白熱した議論によって、イノベーションを生み出す活動である。様々な知識と思考を集めた集団ならではの「本質的な課題や価値」を探り当て、「思いもよらぬ解」を炙り出してゆく。ホンダは、この「ワイガヤ」による集団創造手法により、数多くの画期的（パラダイムシフト）な商品を産み出し、世界を魅了した。

一人の天才によってもたらされたインスピレーションだけではなく、組織や部署の垣根を取り払い一体感を醸成することで初めてなされる本音の議論を誘い戦わせることにより、みんなでイノベーションを巻き起こしたのである。

(2) 訴求活動：新しい価値は、認知させてこそ普及する

新しい価値を創出する活動のトピックは創造である。創造とは、今まで存在しなかったモノ（製品）やコト（サービス、ビジネスモデル）を初めて作

り出すことであり、人の発意（気づきやひらめき）による所産である。

このモノやコトを具現化する方法や手段を考案することが発明である。発明の結果、具体的なモノやコトとして社会や顧客の潜在ニーズと合致し、価値観にパラダイムシフト（好ましい不連続的変化）をもたらしたときにイノベーションが起きる。即ち、社会や顧客の潜在ニーズが発明によって顕在化され、誰もが手に取って、あるいは行ってみて「こんなモノが欲しかった、こんなコトがやりたかったんだ」と思える価値を創出できるかが重要であり、モノやコトの訴求活動（キャッチコピー、広報、販売など）により誰の目にも留まらせ価値を納得できる状況が作れるかに依存する。いくら社会や顧客のニーズに合致していたとしても、認知されないのでは普及は難しい。

したがって、イノベーションを生み出すためには、新しい価値を創出する活動としての「発明」と「パラダイムシフト」、および普及させるための活動としての「訴求」の３大要素が必要不可欠となる（図 1.3）。つまり、この３大要素をしっかり計画（設計）し実行することによりはじめて、劇的な普及を生み出すことができるのである。

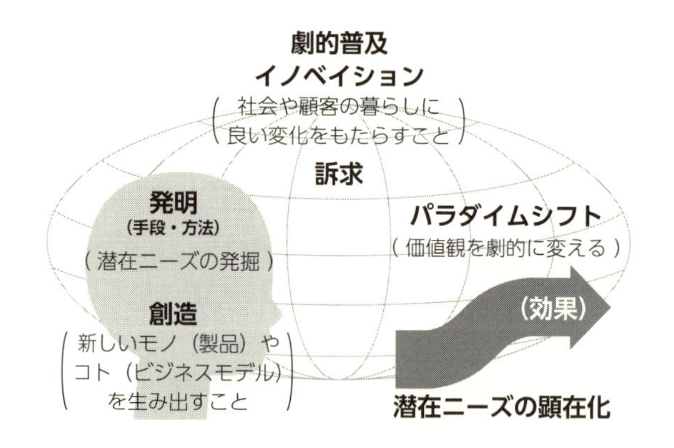

図 1.3　イノベーションが起こるまでの３大要素のイメージ図

1-2 イノベーションの種（気づきとひらめき）はどのように得られるか

世の中に新しい価値をもたらしたい。そのために「イノベーション」が必要だ、とするならば、次にどうすればよいのか。このことを考える前に、次の疑問を解決する必要がある。

・そもそもイノベーションに繋がる創造とはどのようにして行われるのか
・その原点である発意（気づきやひらめき）は一体どのようにして生まれるのか

ということである。

「気づき」や「ひらめき」は、創造から発明に至り、パダイムシフトを生み出しイノベーションを起こすまでの一連の行為の源泉であるから、注目されるのは当然のことであり、近年、この、「気づき」や「ひらめき」を促す活動の体系化、定式化に期待が寄せられるのも理解できる。

そこで、新しいモノやコトを創造するときに、「気づき」や「ひらめき」が生まれる環境や条件などを整理してみると、必ずといっていいほど図 1.4 のような状況にあることがわかる。

『気づきやひらめきが生まれる環境や状況』

①環境、条件
・課題に行き詰まった場面の最中にいる
・課題解決に向けて長期にわたって粘り強く取り組み続けている

②心理状態
・課題解決に向けて、「藁をもすがる」心境に陥っている

③きっかけ
・何かの出来事や体験、刺激などが目（心）に留まる

④気づき、ひらめきの啓示
・偶然に、今まで気にしてなかったあるモノやコトに「気づき」、「発見」を得て、そこから「ひらめき」が生まれる

図 1.4　気づきやひらめきが生まれる「環境・状況」

以上に挙げるような状況の中で八方塞がりの状態に陥り、次第に「藁をもすがる」追い詰められた心理状態が知識の中に刷り込まれてゆく。そうすると、ある事象をきっかけに、たとえば、思いもよらぬＢさんの知識やＣさんの知識、あるいは思いもよらぬ実験結果に触発されて、偶然に今まで気にしていなかったモノやコト（求める解の方向）に意識が芽生え、そこに注目する。この意識が「気づき（発見）」である。この「気づき（発見）」から、瞬時にして解決策や、課題解決の糸口となるような「ひらめき」が生まれるのである（図 1.5）。このような知識を巡らせる“思考の変化”が起きたときに、この「気づき（発見）」を「偶然訪れる幸運の発見」とか「セレンディピティ」という。イノベーティブな創造には、このセレンディピティの訪れが必要不可欠なのである。

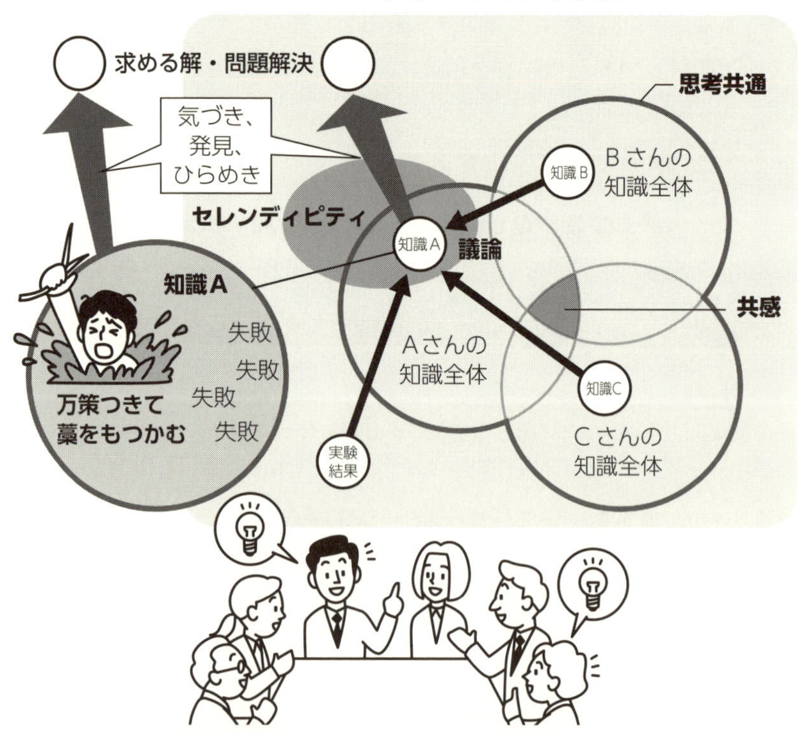

図 1.5 ワイガヤと「気づき」～「ひらめき」～「セレンディピティ」のイメージ図

(1) セレンディピティ

セレンディピティは、日本では2002年に田中耕一がノーベル賞を受賞したときに、「まったくの偶然で、まさに瓢箪（ひょうたん）から駒」と言ったことで有名になった。間違えてコバルトの微粉末にグリセリンをたらし混ぜてしまったことに気づいた。しかし、「捨てるのも何だし」と実験してみたところ、偶然の発見、つまり、レーザーによりタンパク質が気化することを発見した。そして、この発見からひらめきを得て、気化したたんぱく質を検出することに世界で初めて成功したのだ。

また、ノーベル賞の設立を遺言したことで有名なアルフレッド・ノーベルは、鋭敏な爆発物であったニトログリセリンを誤って珪藻土に溢したことに気づいた。このときに、ニトログリセリンが爆発せずに珪藻土に吸収されていく様子を逃さず観察し、珪藻土にニトログリセリンをしみ込ませておけば鋭敏な爆発物ではなくなる、つまり安全に管理できることを発見した。そしてこの発見から、爆発をコントロールする雷管（珪藻土にニトログリセリンを染み込ませた火薬を筒に詰め、わずかな熱や衝撃で発火するようにした加工品）というアイデアがひらめいて、ダイナマイトを発明した。（図1.6）

これらのように同じ物や事象を見ても、その人、そのときの問題意識によって捉え方が全く異なる例を示すのが「セレンディピティ」であるとも言える。

研究途中であれば、間違えて混ぜた失敗作などはゴミ箱にいくらでも転がっているだろうし、長年、ニトログリセリンを扱っている者であれば、誤って珪藻土に溢したことなどは、初めてのことではなかったにちがいない。

そもそも思いもよらぬ偶然の発見と言っても、私たちが現在知らなかっただけで、その発見された事象は自然界に存在しており、事例ごとに見れば自然界には無数存在しているのである。気がつかなくしているのは人間の思考

セレンディピティという言葉は、英国の作家であるホレス・ウォルポールが作った造語である。スリランカは、昔はセレンディップと言ったそうである。そこで生まれた3人の王子が、父の命を受けて旅に出ることになる。その途中で様々な困難に遭遇しても、思わぬ発見や幸運を掴んで自分が求めていたものとは異なる価値あるものを見出してゆく、というペルシア（イランの旧名）のおとぎ話である「セレンディップの3人の王子たち」から、この主人公の持つ能力を、友人に宛てた書簡の中で「セレンディピティ」と命名したと言われている。

がそうさせていたのであって、長い間に、環境が思考をそのように閉ざさせていたのである。

図 1.6　ひらめく瞬間のイメージ　＋　ダイナマイトの構造

普段はその事象に目が向かない、気づかせない何かが作用する。しかし、あるときその一瞬だけ、その人だけにセレンディピティという奇跡が訪れるのである。それは一体、どういうことなのだろうか？

このような観点で、これらの２つの事例を眺めてみると、共通する項目が浮かび上がってくる。整理すると、「セレンディピティ」を得るには、どうやら次のような「心構え」が必要であるようだ（図 1.7）。

『セレンディピティを得る心構え』

①先入観（既成概念や固定観念）を取り払う

②気づいた偶然の事象を素直に捉え、
　駄目と思ってもそのときの「気づき」を大切にし、解析してみる

③解析結果を柔軟性をもって多方面から眺め、新たな発見に変える

④不屈の精神（根性）と課題を克服する術を鍛える

図 1.7　気づきやひらめきを得るための「心構え」

つまり「セレンディピティ」は、心構え次第で得ることができるのだ。この心構えを養うことが重要なのである。

しかし、この心構えは、前項で紹介した「気づき」や「ひらめき」が生まれる環境や条件などが整っていることが前提である。なぜならば、発見の前の段階に「気づき」があり、発見の次に「ひらめき」があるからだ。そして、最終的なアウトプットは、ひらめきの結果具現化されたモノやコトであり、発見そのものではないからだ。

ただペニシリンの発見のように、発見そのものが重要な例もあるが、この事例も良く調べてみると、ブドウ菌を培養中にカビの胞子がシャーレ（ペトリ皿）に落ち、カビの周囲のブドウ菌が溶解しているのに「気づき」、このことからヒントを得て、アオカビのなかにブドウ菌を溶解する物質が含まれているのでは、という「ひらめき」を得た。それを検証するために、アオカビを液体培地に培養し、ろ過したろ液に抗菌物質が含まれていることを実験で確認した。このことから、アオカビの属名にちなんでペニシリンと名付けたようである。したがって、この事例も「ひらめき」の結果生まれたペニシリンがアウトプットである。

この心構えや「気づき」、「ひらめき」を生み出す環境と条件を整え、偶然に訪れるセレンディピティを必然に変え、アウトプットを生み出す活動が、本書のテーマである「ワイガヤ」である。こういった田中やノーベルの大発見によるアウトプットだけではなく、一般のビジネス上の課題解決のときでも、今まで解決できなかった課題は、みんなで「ワイワイガヤガヤ」、様々な視点から議論することにより、セレンディピティとでも言えるような予期せぬ偶然の発見[※1]が得られ、画期的な解を導き出すことができる。

※1「気づき」から「ひらめき」を得たときに、ノーベル賞に繋がるような「唯一無比の大発見」であったときに、セレンディピティといわれることが多いが、ここでは、あまりこだわらずに、「気づき」から「ひらめき」を得て「発見」と思えるようなものであれば、セレンディピティということにする。

ホンダの例では、環境対策のCVCC（Compound Vortex Controlled Combustion：複合渦流調速燃焼方式）エンジン（第３章参照）や省動力効果の大きいモータ直接駆動方式のEPS（Electric Power Steering:電動パワーステアリング）などの開発の山場で訪れる重要な場面で、ワイガヤにより課題解決が行われた。詳細については第２章で触れるが、ワイガヤの実施にあたっては、図1.8に示すような理念のもとに行動した結果、ドラマチックな成功を収めることができたのである。

とはいえ、これらホンダの成功も単にワイガヤを導入したからという理由だけでない。気づきやひらめきが生まれる「環境・条件」を整え、「心構え」ができていることが前提であったことに変わりがない。

理念
本質を洞察する哲学
普遍的な目的
高い目標
不屈な精神と課題を克服する術

行動（行動の原点）
予期せぬ偶然を逃さなかった（３現主義）
偶然の発見を得るまで粘り強く取り組んだ（情熱・熱意・博愛）
新たな課題に取り組んだ（顧客価値指向）
解析して対策案を導出できた（技術力・創造力）

図1.8 理念から生まれた行動

図1.8における３現主義は、現場、現物、現実の頭文字をとったもので、これらをベースに観察･考察･洞察し､机上の空論を排することが目的である。とかく、人間は過去の経験や既成概念、固定観念に頼った自分の知識の中だけで考えがちで、今起こっている事実に目を向けない傾向があるからだ。花を見ながら写生しているのに、本人の気持ちとは裏腹に似ても似つかぬ絵になっているのが良い例である。

それでは、セレンディピティをもっと身近に、つまり偶然ではなくて必然に変えるためには、どうすれば良いのだろうか。この疑問に答えるには、上記のようなセレンディピティに至る思考の解明が重要であり、この解明こそが、イノベーションの扉を開く鍵を握っているといっても過言ではない。したがって、この思考については、十分に考える必要がある。

(2) 既成概念、固定観念を取り払う

セレンディピティに至る思考について考えてみたい。セレンディピティを得る心構えとしてもっとも必要なのは、先入観を取り払うことである。つまり、こと創造に関しては、先入観の源である「既成概念」や「固定観念」は、創造を阻害する悪者になってしまうのである。

既成概念は、長い間の経験や理論を通じて身につけた社会常識であり、固定観念はモノ・コトへのこだわりや決めつけにより、今起こっている事実に目を向けない固まった思考である。いずれも新しいモノやコトを受け入れない守りの思考である。

既成概念や固定観念は、個人が長い間に培ってきた言わば卵の殻のようなもので、自分の殻といえる。頭が固いなんていうのは、この殻のことを言ってるのかもしれない。だから、この自分の殻を薄くして消滅させることがイノベーティブな創造には必要なのである。殻の外の新しい世界へ目を向ければ、新たな知識とそこへたどり着くまでの思考を手に入れることができるのである。

要するに、セレンディピティは、今まで目を向けなかったところに、たとえそれが間違いや非常識であっても、偶然に目がとまり幸運の発見に至る様である。しかし、このような偶然を待っていたのでは、ビジネスとして成立しない。そこで、幸運の発見を偶然から必然に変える必要がある。そのためには、たとえそれが間違いや非常識であっても、そこに目がとまる思考を手に入れることである。そのためには、反対意見を持つ知識も含めて多種多様の知識を集め、個人の持っている狭い範囲での思考の枠を、偶然をも取り込んでしまうほど、広い枠に拡張することである。これがセレンディピティを必然に変える思考の獲得なのである。つまり、発想を広げることにつきる。

そもそも新しいモノやコトが創造できない理由や、課題が解決できない理由は、既成概念や固定観念という殻の中の「狭い範囲で思考」していたからであり、求める解は殻の外側にある。間違いや非常識と思われていたようなモノやコトでも、解明されれば正しいモノ・コトになり常識に変わるのである。それまで常識であった天動説が、非常識と思われていた地動説へ、天体の見方が逆転したのが良い例である。

今抱えている課題を技術的な視点で、また社会にとっての価値という視点に立ってみんなで徹底的に議論する。それぞれ得意な部分は詳らかに説明し、他者の得意な部分については覗き込んで知識を吸収する。このようなことを繰り返し、より具体的かつ広範囲に思考を巡らせてゆく。そうすることで個人が今まで培ってきた既成概念や固定観念が薄れ、徐々に自分の殻のようなものが消えて思考の範囲が広がってゆくことに気づくはずである。

図 1.9　創造的思考を止めるもの

図 1.10 常識でさえも疑え

人は、一人で考えているときには、「社会の常識」とか文語上の狭い「理論」、自分の中での「こだわり」や「決めつけ」など様々なものに縛られ、ときとして思考停止状態に陥る（図 1.9）。しかし、一人ではなく集団で議論を尽くすことができれば、多種多様の知識と思考を手に入れ本質を見通せるようになり、これまでの「社会の常識」や自分の中の「こだわり」との間に矛盾をきたし破綻する。つまり自分の殻が破れる。正に天動説が、地動説へ逆転したように、常識ですら疑ってみれるようになる。このようにして発想を広げるのである（図 1.10）。だから、多様性をもった人々との多方面からの本音の議論が必要なのである。

これまで、イノベーションとイノベーティブな価値創造についてその源流であるイノベーションの種（気づきとひらめき）まで遡って見てきたが、次節では、これらの種から技術、あるいはモノ、コトに具現化されパラダイムシフトを生み出すまでのプロセスをより深く理解するために、自動車開発の歴史を例にとって、イノベーションがどのようにして起きてきたのかを眺めてみよう。

自動車に見るイノベーションの歴史

私たちが日常生活で当たり前のように利用している様々なモノ（製品・インフラ）やコト（サービス）は、発明されてから長い歴史の中で育まれ築きあげられたものであり、いきなり現在の姿で生まれた訳ではない。生まれたばかりの赤子の状態から段階的に成長し、その過程で、様々な課題を克服して現在のような姿になったのだ。

自動車も同様である。様々な人によって、創造、発明、パラダイムシフト、そしてイノベーションがそれぞれの時代の環境・状況のもと繰り返しもたらされ、その都度、段階的な進化を遂げながら現代のような壮大な車社会を築いたのである。

それでは、この段階的進化はどのようにして行われたのか、またそのときにセレンディピティをもたらした気づき、ひらめきは、進化に具体的にどのように寄与したのであろうか。その特徴を見てみよう。

（1）自動車の原型「キュニョーの蒸気３輪車」（1769年～）

1765年に蒸気機関が発明され、これを契機にヨーロッパで産業革命が起こった。とりわけ炭鉱の排水用動力源として馬に代わって蒸気機関が使用されるようになり、産業の様子は一変する。その応用の一つとして、4年後の1769年に、スイス人のフランス陸軍技師によって自動車の原型とされる「大砲牽引車」が発明された。これは、蒸気機関を３輪荷馬車に載せたもので、技師の名にちなんで「キュニョーの蒸気３輪車」と呼ばれた。

この自動車は、図1.11に示すように、水を沸騰させ高圧蒸気を作るボイラーを車体前部に配置し、切替弁で２つのシリンダーのうちの一方に高圧蒸気を流入させピストンを下方に押し下げると、他方のピストンは上方に移動するとともに蒸気を排出させ、これを交互に繰り返す、そしてこのピストンの往復運動をラチェット機構で車輪に伝え、往復運動を回転運動に変えて前進する仕組みだ。

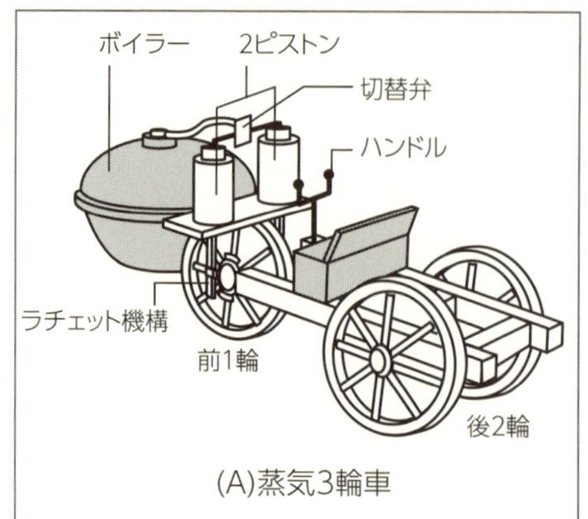

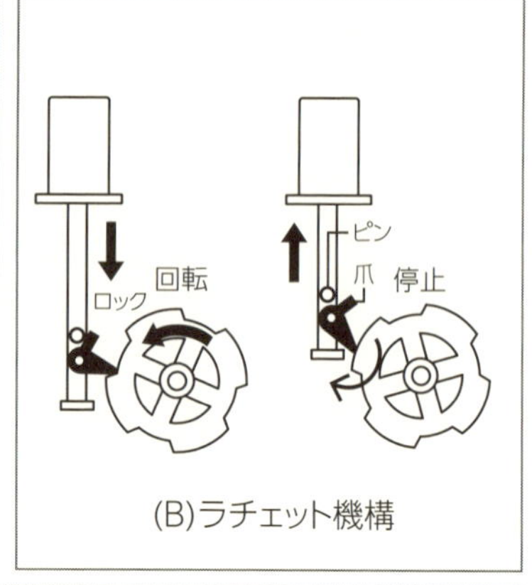

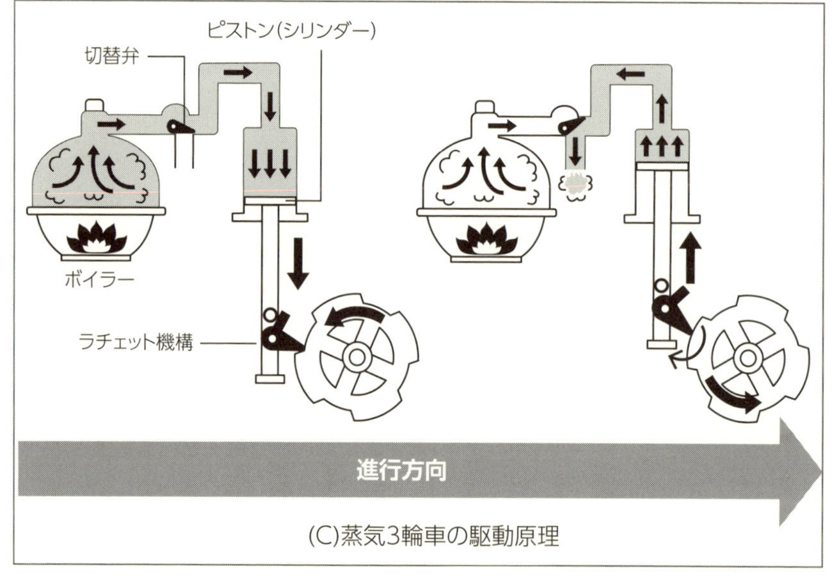

図 1.11　キュニョーの蒸気 3 輪車

当時はまだブレーキを備えておらず実用には程遠かったが、世界初の自力で走った自動車であった。これにより、馬で運ぶのが常識であった大砲牽引車を、蒸気の動力で移動させることに成功した。このことは、その当時の驚きであり、新たなパラダイムシフトをもたらしたと言って良いだろう。

(2) 実用的な蒸気自動車の発明（1827 年頃～）

実際に有用な自動車（18 人乗用車）が製作されたのは、「キュニョーの蒸気 3 輪車」が登場してから、およそ 60 年後の 1827 年頃であった。蒸気機関と伝達装置を除けば、図 1.12 に示すように、17 世紀以降の馬車の普及に伴って発明された鉄製車輪、ブレーキ、操舵装置、懸架装置、車体フレームなどの技術を継承する形で実用化された。

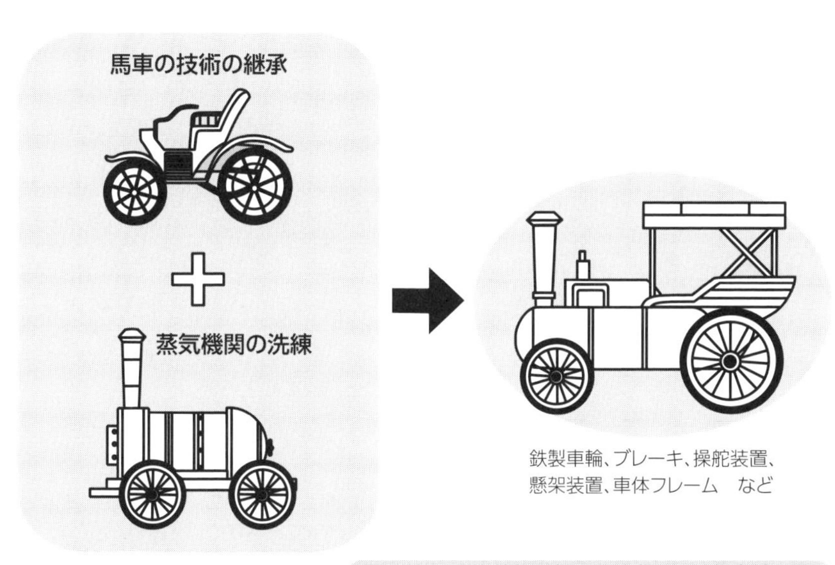

図 1.12　馬車技術を継承して作られた蒸気自動車

新たな移動手段として完成された蒸気自動車の登場で、既にビジネスモデルを構築し成功を収めていた鉄道や馬車荷役の関連業界は、潤っていたビジネスを脅かすものと考え、「赤旗法」などの強固な反対運動で蒸気自動車の繁栄を阻止しようとした。

しかしそこで暮らす人々は、糞尿の悪臭、飼料の確保、恒常的な馬不足の問題から解放され、蒸気自動車をたいへん重宝がったのである。このように業界の逆風を受けても、社会的要求を味方につけ、跳ねのけられる位の技術であることが重要であることを物語っている。

一方、技術面では当時はまだ多くの課題を抱えていた。ボイラーの大きさや重量、メンテナンスの煩雑さ、時間がかかり過ぎる始動、爆発の危険性などといった課題もあり、今日のような一般大衆が所有する自動車として普及するまでには至らなかったのである。

※赤旗法：1865年にイギリスで制定された蒸気自動車の交通規制法令である。蒸気自動車が乗合バスとして発達したおかげで旅客をとられた馬車運送業者は、議会への圧力や煤煙・騒音による住民の反対運動によって、自動車の速度を制限〈自動車は郊外で時速4マイル（6.4km）以下、市街では時速2マイル（3.2km/h）〉し、しかも自動車が走る前方を赤旗を持った者が先導し、危険物の接近を知らせなければならないと定めたのである。

（3）内燃機関の発明がもたらしたイノベーション（1876年～）

19世紀の後半には、蒸気自動車の普及はますます進み繁栄を極めた。その背景には、高性能化ニーズに対応して動力源の蒸気機関が、高出力化されたことがあげられる。この高出力化には、蒸気機関を単純に大型化するという対応策がとられたので、大量の水を必要とした。

しかし、ドイツをはじめ当時の欧州では、イギリスとは事情が異なり、都市部ですらまだ水道が整備されていない場所も多く、給水の不要な別の方式に活路を求めざるを得なかった。その方式が内燃機関であった。

内燃機関の開発は、そう簡単に進むものではなかったが、それでも1860年頃になると実用化の兆しが見えてきた。そして遂に、1876年にドイツのニコラス・オットーによって、図1.13に示すオットー・サイクルと呼ばれる内燃機関が発明された。これは、アルコールを燃料に4ストローク（吸気～排気工程）で駆動する方式で、現在のガソリンエンジンンの原型となった機関である。原理的に水を使わず、しかも小型化できる利点があった。蒸気機関が駆動部の外に大型の沸騰器（ボイラーと火室：動力源）を搭載する外燃機関であるのに対し、内燃機関は駆動部内に燃焼室（動力源）を持つ方式で、ボイラーと火室を小さな気筒に置き換えるという画期的なものだ。

ところで、このエンジンの元となる技術は、1800年頃、スウェーデンの技師、ジョン・エリクソンによって考案されており、1860年には、2ストローク機関がベルギー人のルノアールによって既に実用化されていた。オットーは、ボー・ド・ロシャが提唱していた4ストローク機関を改良して、強力な動力を得るために効率を上げ、高出力化した内燃機関を作り上げただけであるという見方もできなくはない。しかしながら、特許取得（1877年）し、共同経営者のオイゲン・ランゲンとともに立ち上げたN.A.オットー社（エンジン製造会社）でビジネスとして成功させた功績は、イノベーションの観点から非常に大きい。

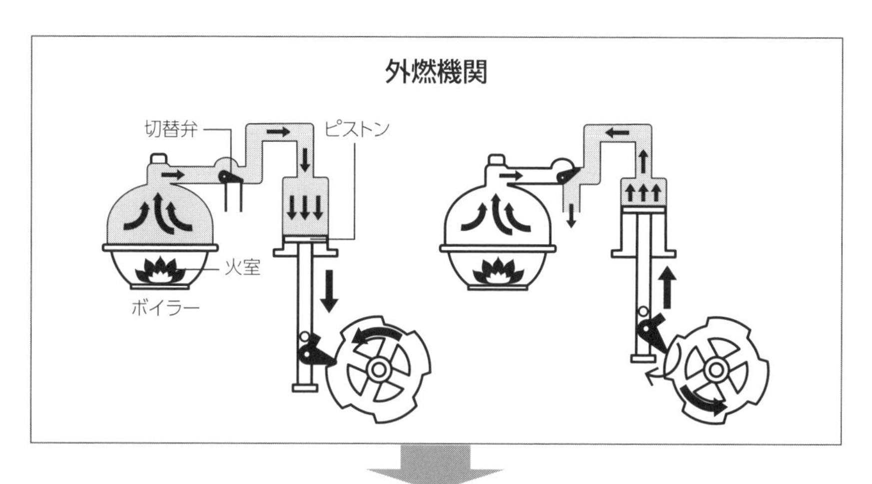

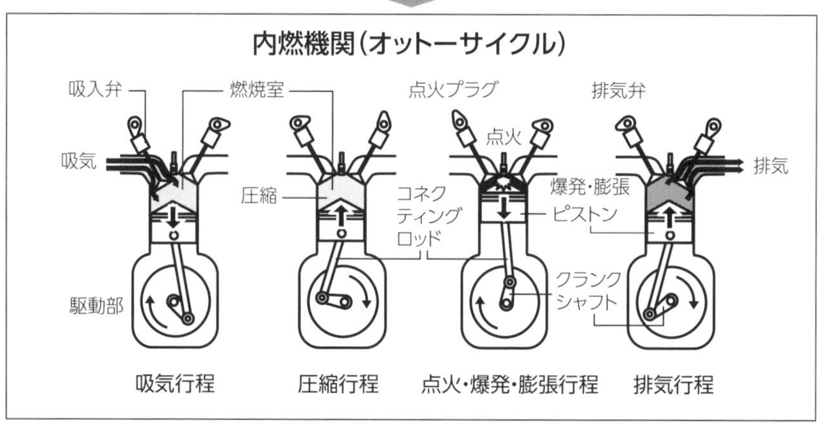

図1.13　外燃機関と内燃機関

(4) ガソリンエンジンによる自家用車の登場（1890年～）

鍛冶屋の血を引くドイツの職人、カール・ベンツは、1883年に会社を立ち上げ、エンジンの実用化に没頭した。そして2年後の1885年にオットーの特許を回避したガソリンエンジンを搭載した3輪車を発明し、5年後の1890年に初めて実用化した。2人乗りの自家用車（図1.14左）である。

一方、オットーの会社を辞めたゴットリープ・ダイムラーとヴィルヘルム・マイバッハは、ベンツに後れを取るものの、4輪馬車の車体にガソリンエンジンを搭載した初の4人乗り4輪式ガソリン自動車（図1.14右）を発明した。そして1890年にDMG社を設立し、2年後に販売を開始した。空冷エンジンを座席後方に配置し、チェーンで車輪を駆動する方式である。前輪の舵取り機構は、4輪式ならではの工夫が施された。2人は、共にオットーの影響を強く受けた。

その後の1926年に両社は合併し、新会社を設立、社名をダイムラー・ベンツとし、新会社のすべての自動車をメルセデスベンツブランドで製造したことは誰もが知るところである。

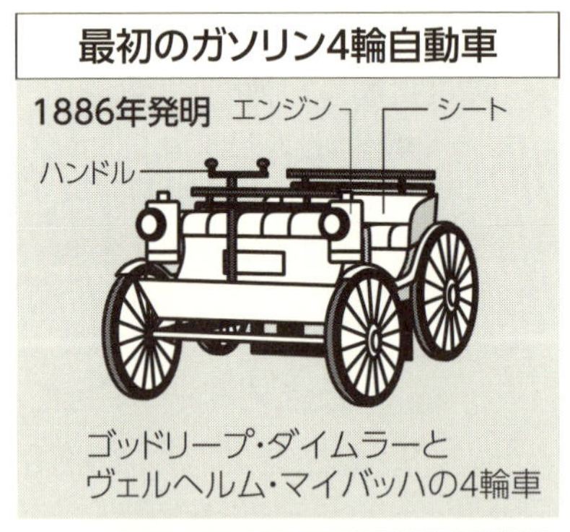

図1.14　最初のガソリン自動車

(5) フォード生産方式による自家用車の劇的普及（1908年～）

ドイツで自動車の基本となる技術ができあがった頃、アメリカでは1903年に幾多の危機を経験してフォードモータ社が再結成された。そして1908年に、ヘンリー・フォードが、初めての量産型自動車「T型フォード」を開発した。これが契機となって大量生産時代の幕が開ける。「フォード生産方式」と呼ばれ、ヨーロッパなどで発展した熟練職人によるクラフト的な生産とは対照的に、未熟練作業者でも容易に組み立て作業が行えるように作業を細分化・標準化して、順番に組み立てていく方法である（図 1.15）。流れるように組み立てられていく様子から「流れ作業」と呼ばれた。この生産方式は、精度の高い部品を標準化し、互換性を持たせるなどの工夫を凝らすことで、自動車の低価格化と品質向上を実現し、現在の大量生産方式の基礎となったものである。

1908 年の発売当時、高級車が 3,000 ～ 4,000 ドル、同クラスの自動車が 1,000 ドル近い価格であったのに対し、T 型フォードは 825 ドルという低価格を実現した。これは、現代流に言えば価格破壊である。当然であるが、その翌年のアメリカ全体の 1 年間の自動車生産台数 7 万台のうち、1 万台以上がT 型フォード 1 車種で占められる程、劇的に普及した。そしてその後も年々価格を下げる努力を惜しまなかった。

フォードのこの大衆化へのこだわりは、彼が農家の出身で「農民のための自動車」を作るのが夢であった、というところに原点があるといわれている。この熱い想いは哲学となり、イノベーションの原動力となったのである。

初期のT型モデル

T型フォードの組み立て風景（流れ作業）

図 1.15 フォード車の T 型モデルと組み立て風景

（6） 社会の変化に気づくことでもたらされるイノベーションの連鎖

イノベーションの段階的進化はどのように進んでいったのか、またそのときそれぞれの段階のキーマンにもたらされたセレンディピティ、およびそのきっかけである「気づき」や「ひらめき」が、どのように具現化していったのか、をまとめると次のようになる。

キュニョーの蒸気3輪車の事例では、蒸気機関の発明が産業革命という大きな環境変化（パラダイムシフト）を生み出したことに「気づき」、創造的思考が喚起され、蒸気機関を大砲牽引馬車に転用するというアイデアが「ひらめき」、具現化することにより発明に至った。具現化の際には、ピストンの往復運動を車輪の回転運動に変換するラチェット機構や蒸気の弁を切り替える機構などの考案の際に、試行錯誤の挙句、上手くゆかずに課題に行き詰る場面もあったろうし、それでも粘り強く知識の枠を広げ思考を巡らす努力を惜しまなかったに違いない。その甲斐あって、思いもよらぬ幸運の発見（セレンディピティ）に巡り合い課題を切り抜けたこともあったろうと推測できる。

次の蒸気自動車の実用化の例では、蒸気自動車の移動手段としての価値（段階的進化）が明確になると、当時の馬車の技術の完成度に「気づき」、これらを上手く組合せて蒸気自動車を作るというアイデアが「ひらめく」。技術的な変革とは言えないが、実用化の面から新たな課題を解決して安定した性能と合理的な価格を両立させ、「蒸気自動車の商用化」というパラダイムシフトをもたらした。このようにして段階的進化が進んでいったのである。

内燃機関の発明の事例では、ドイツの乏しい水道環境が蒸気機関にかわる新たな技術の必然性を作り出し、水を使わない機関という新たな技術の進化が促された。このような水道環境の隔たりに創造的思考が喚起され、この時代に提唱されていた4ストローク内燃機関の可能性に目をつけ（気づき）たオットーが、この機関を改良して効率を上げれば、強力な動力を得られるというアイデアが「ひらめいた」。そして、実用レベルまで高出力化し、ビジネスとして成功させたのである。

オットーにより内燃機関が発明されると、カール・ベンツは、この内燃機関の存在に「気づき」、この内燃機関を使って自家用車を作るというアイデアが「ひらめいた」。そして、会社を立ち上げた2年後にオットーの特許を回避したガソリンエンジンを搭載した3輪車を発明し実用化した。オットーの会社を辞めたダイムラーとマイバッハも内燃機関汚の存在に「気づき」、4輪馬車の車体に搭載するというアイデアが「ひらめき」、発明が完成すると、DMG社を設立して初の4輪式ガソリン自動車を誕生させた。これらの事例は、3人がそれぞれ段階的進化をもたらすことによりイノベーションの進行を促した例である。

フォードの事例では、ドイツで自家用車の基本となる技術ができあがり大衆化へのパラダイムシフトが起こっている頃、大衆化と言っても富裕層のみであることに「気づき」、熟練職人によるクラフト的な生産方式に疑問を持った。そして、大衆化への熱い思いから、未熟練作業者でも容易に組立て作業が行える量産型自動車のアイデアが「ひらめき」、具現化に成功した。つまり、「T型フォード」という大量生産型自動車の開発に成功したのである。これが契機となって、この時代に大量生産による価格破壊というパラダイムシフトがもたらされた。

このような環境変化（パラダイムシフト）が新たな必然性を生み出し、熱い想いと相まって創造的思考が喚起されたのである。やがて、その時代を反映した「気づき」が生まれ、そこから「ひらめき」、創造、発明、パラダイムシフトという一連の行為がイノベーションへと発展し、その時々の時代に応じて繰り返された。その都度、段階的な進化を遂げ、イノベーションの進行を促し現代のような壮大な車社会を築いたのである。

100年後のクルマを今作ることはできない －イノベーションの段階的進化－

自動車は誕生以来、その時代時代の要請に応えるかたちで段階的な進化を遂げ、この段階的進化がイノベーションとなって、また次の段階的進化を産み出し、これを繰り返しながら現在のような便利で快適に誰でも利用できる乗り物に育っていったのである。最初から現在のような車社会を目指していたわけでもないし、現在のような自動車を作ろうと思っていたわけでもない。社会要請、環境変化を読み取って、その時代にマッチした提案をモノやコトとして行うことが重要なのだ。

その時代を牽引する価値（パラダイムシフト）と、この価値を提供する技術が両輪のごとく創出されて、初めてイノベーションに繋がる商品が具現化される。そして、この価値の具現化が新たな課題や必然性を作り出し、また次のイノベーション創出の原動力となり、次の時代を牽引することが分かった。

本節では、イノベーションを計画（設計）することを「デザイン」ということにする。そうしたときに、自動車における価値進化の度合いを「デザイン」の目線でいくつかの段階に整理し、進化のそれぞれの段階（レベル）でどのような要素（発明：技術・パラダイムシフト・訴求：普及）がトリガーとなってイノベーションが起こったのか、その条件を整理してみたい。

（1）デザインレベルⅠ：新しい価値観の提供

イノベーションに必要な条件として注目したいのは、蒸気機関の発明が産業革命という大きな環境変化（パラダイムシフト）を生み出し、その変化に触発されて多くの人々の役に立つものを創りたいという欲求が醸成され、創造的思考が喚起されたことである。それは、このことにより、様々な分野で連鎖的に「蒸気機関の応用」が試され、新たな技術の発明が促されたからである。

自動車開発史では、1769年にキュニョーによる蒸気3輪車の発明が代表例である。他の分野では、1783年にフランス人のクロード・フランソワ・ドロテ・ジュフロワ・ダバンが船舶に蒸気機関を載せた蒸気船の発明や、1802年にイギリス人のリチャード・トレビシックが製鉄所で蒸気機関を台車に載せた蒸気機関車の発明が代表例である。これらの例のように、発明が連鎖的に様々な分野に広がることがイノベーションの証である（図1.16）。

これらの発明が、人の力や馬に頼っていた移動手段を蒸気機関で代替えできることを知らしめた。つまり、イノベーションを成り立たせる要素として新しい可能性を示す（パラダイムシフト）ことが重要である。このような価値水準を社会に提供するものを「デザインレベルⅠ（DL Ⅰ）」とする。

このデザインレベルにおける技術の特徴は、蒸気機関をコアとして、既存の大砲牽引車に搭載することにより、馬車としての移動機能を持った蒸気3輪車を発明したことである。細かいところを気にせずに移動する機能を最優先に考え、最低限の改良を施して製作された。このような思考（発想）で作られたものは、今で言うところのプロトタイプであり、「原理証明用の試作品」レベルの原点技術といえる。研究・開発で言えば、最初に作る試作品である。

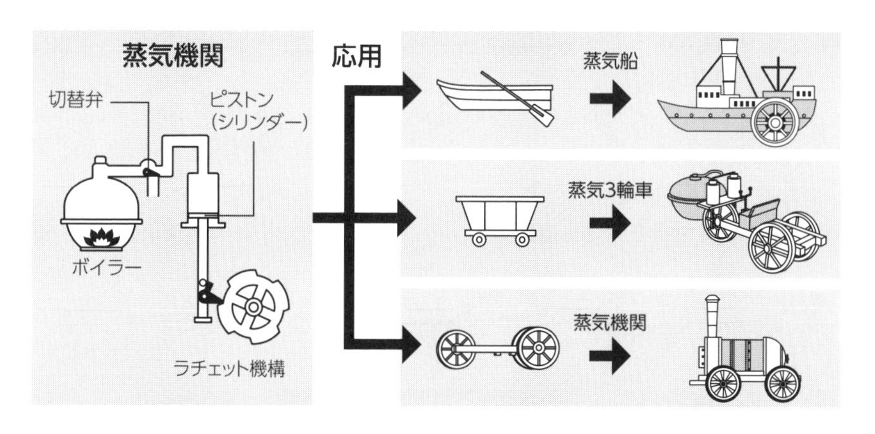

図 1.16　デザインレベル I の思考経路

(2) デザインレベル II：商用化への試み

デザインレベル I の蒸気 3 輪車から実際に有用な自動車（18 人乗用車）、つまり 1827 年に蒸気自動車が発明されるまでには、およそ 60 年を要した。

これは、リチャード・トレビシックによる蒸気機関車のプロトモデル完成から数えると、およそ 30 年である。この 30 年の間に、原点技術から実用的な技術への変革は、船舶の分野では、1807 年にハドソン川で蒸気船に乗客を乗せて試運転に成功したアメリカのロバート・フルトン、機関車の分野では、1814 年に石炭輸送のための実用的な蒸気機関車を設計したイギリスのジョージ・スチーブンソンらに先行されていた。

したがって、これらの環境変化に「気づき」、創造的思考が喚起され、蒸気自動車の商用化というアイデアが「ひらめいた」と考えるのが自然である。このように、商用化（パラダイムシフト）というキーワードで実用化され新たな価値水準を提供するものを、イノベーションの「デザインレベル II（DL II）」とする。このレベルは、顧客指向が強いのが特徴である。

このデザインレベルにおける技術の特徴は、その時代に存在する技術を巧みに組み合わせてニーズに適合する新たなシステムとして技術を発明させたことである。新しい技術を開発するというよりも、実用実績（信頼性が高い）があり安価に入手できる既存部品を採用することと、蒸気機関（コア技術）を洗練させる技術開発に重きを置き、移動手段としての実用性や利便性に力を注いだ開発、つまり市場の確保（既存のビジネスモデルに適合させる形態）に軸足を置いたのである（図1.17）。

また、既存のビジネスモデルに適合させ、「技術で成功を収める者」が現れたこともこのデザインレベルの特徴である。このスタイルの発明は、イノベーションにおいて重要である。なぜなら、現在の自動車や家電製品も、このような開発によりイノベーションを起こそうとしているからだ。

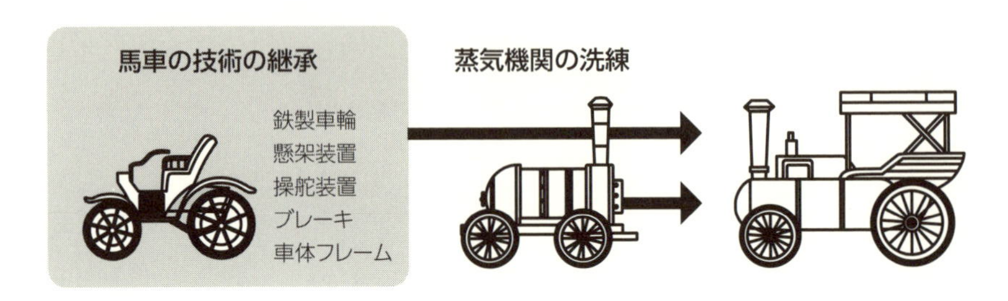

図1.17　デザインレベルIIの思考経路

（3）デザインレベルIII：用途の拡大

デザインレベルIIの蒸気自動車から、現在に通じるガソリン式エンジン搭載の自動車への変革は、蒸気機関のボイラーと火室を内燃機関の小さな気筒に置き換えることにより小型・高出力化に加えて扱いやすいという新たな価値を創出した。これにより、自動車をパーソナルユースというビジネスモデルにパラダイムシフトさせた。つまり蒸気自動車を自家用として大衆化させたのである。

このように、デザインレベルIIから、「モノ（蒸気機関⇒内燃機関）」と「コト（18人乗り商用⇒個人用）」で変革をもたらす価値水準を提供するものを、イノベーションの「デザインレベルIII（DL III）」とする。

このデザインレベルにおける技術の特徴は、コア技術である動力源の蒸気機関そのものが、内燃機関にパラダイムシフトを遂げたことと、この内燃機関の特徴を活かして、小型・コンパクトで扱いやすい自家用自動車の開発により、新たな価値創出を果たしパラダイムシフトを起こしたことである（図1.18）。

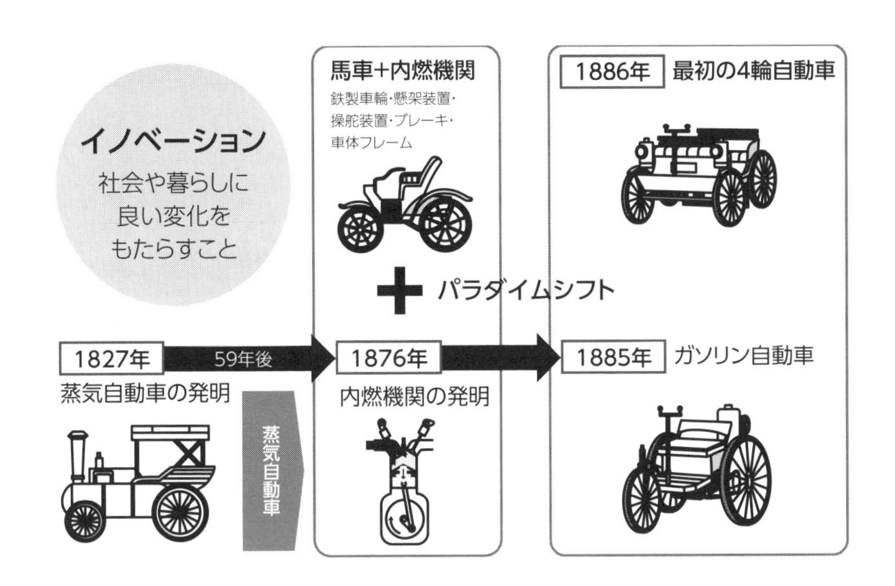

図 1.18　デザインレベルⅢの思考経路

(4) デザインレベルⅣ：価格破壊、ユーザー数の拡大

自動車の基本技術が構築されると、次に、ヨーロッパなどで発展した熟練職人によるクラフト的なものとは対照的に、未熟練作業者でも容易に組立て作業が行える「流れ作業方式」という新しい組立て方式が発明された（図1.19)。この生産方式は、「T型フォード」の組立てに適用され、低価格、高品質という価格破壊とも言えるパラダイムシフトをもたらした。このように、「一般大衆にまで普及」させるような価値水準を提供するものを、イノベーションの「デザインレベルⅣ（DL Ⅳ)」とする。

このデザインレベルにおける技術の特徴は、新たな部品や技術を発明するというよりも、部品を工程順に配置し分業で組立てやすいように形状変更することや、精度の高い部品を標準化、規格化して互換性を持たせるなどの製造上、管理上の工夫を凝らしたことである。

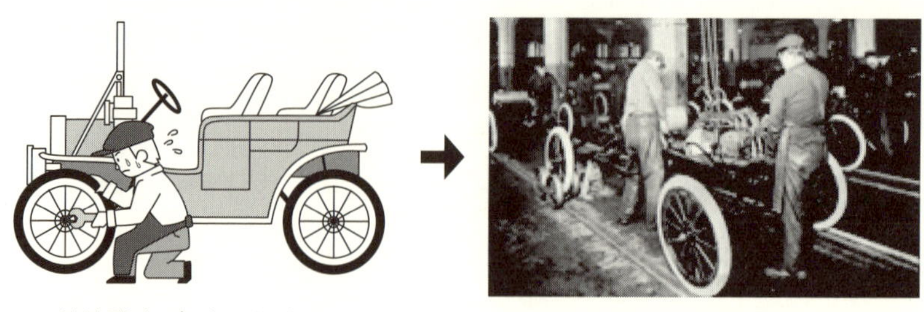

熟練職人が1人で組立てる
みんなで分担して組立てる「流れ作業」

図 1.19　DL Ⅳの思考経路

以上説明した自動車開発史におけるイノベーションの段階的進化をイノベーションのデザインレベルとして、DL Ⅰ～DL Ⅳのように整理し、イノベーションを生み出すための3大要素を考慮し、自動車としての完成度（発明）、パラダイムシフト（の度合い）、普及状況（訴求）、これらのトータルとしてのイノベーションの観点でまとめると**表 1.1**（×：不足～○：充足）のようになる。

この表からわかることは、最初から「DL Ⅳ」の技術を完成させることを誰もが望むが、その時代の技術レベル、社会環境からいって、DL Ⅰから DL Ⅲまで順次ステップをたどらざるを得ないということである。このことは、研究開発を進めるうえでの奥義であるとも言える。

たとえば、世界で初めて電気自動車を開発するとしよう。最初は、未知の要素が多いので、探りを入れるために、DL Ⅰの水準の電気自動車を作る。いきなり DL Ⅳには到達できないのは当たり前である。一般的には、想定すらできないのである。この段階では、汎用のモータとどこにでもある鉛バッテリを、既成の小型車体を見つけてきて最低限の改修を加えて搭載し、機能を確認する。

そして課題を整理して、より高い水準の次のステップ DL Ⅱに進む。この段階では、DL Ⅰで満たされなかった要求や新たに分かった要求、作ってみて初めて分かった課題などを対策して、DL Ⅰを洗練させる。DL Ⅱの価値水準に仕上げて、商品として受け入れられるかどうかを判断し、何らかの改良を加えれば受け入れられるようであれば実用化して販売することもあるだろし、そうでなければ、次のさらに高い水準のステップDL Ⅲに進む。このようにしてDL Ⅳまで進むのである。早い段階で商品としての価値が認められるならば、それは近しい価値が存在しない唯一無比であることを意味する。

<table>
<tr><th>自動車</th><th>特徴</th><th>自動車完成度</th><th>パラダイムシフト</th><th>普及状況</th><th>イノベーション</th><th>デザイン・レベル</th></tr>
<tr><td rowspan="2">蒸気３輪車</td><td rowspan="2">蒸気機関の転用
初めて馬以外の動力で移動
自動車としては未完成</td><td>×
ブレーキ無</td><td>○</td><td>×</td><td>△</td><td>DL Ⅰ</td></tr>
<tr><td colspan="5">〈イノベーションのトリガーとなった要素〉
産業革命が創造的思考を喚起させ様々な分野で連鎖的に蒸気機関の転用が試され新たな技術が発明された</td></tr>
<tr><td rowspan="2">蒸気自動車</td><td rowspan="2">馬車機能（バス）の実現
既存技術の組み合わせ
ビジネスとして成功</td><td>△</td><td>○</td><td>△</td><td>○</td><td>DL Ⅱ</td></tr>
<tr><td colspan="5">〈イノベーションのトリガーとなった要素〉
その時代に存在する技術を巧みに組み合わせてニーズに適合させた新たな技術を発明して成功を納めるものが現れた</td></tr>
<tr><td rowspan="2">ガソリン３・４輪車</td><td rowspan="2">内燃機関の発明
内燃機関の事業化
個人向け自動車
（但し富裕層）</td><td>○</td><td>○</td><td>○</td><td>○</td><td>DL Ⅲ</td></tr>
<tr><td colspan="5">〈イノベーションのトリガーとなった要素〉
ドイツの貧しい水道環境が内燃機関の必然性を生み出した</td></tr>
<tr><td rowspan="2">Ｔ型フォード</td><td rowspan="2">大量生産方式の発明
一般大衆向け自動車
価格破壊
モータリゼーション</td><td>○</td><td>○</td><td>◎</td><td>○</td><td>DL Ⅳ</td></tr>
<tr><td colspan="5">〈イノベーションのトリガーとなった要素〉
アメリカの自由と平等の精神に加えて、農民への強い思いが大衆化への道を切り開いた</td></tr>
</table>

表 1.1　イノベーションのプロセス

1-5 イノベーションの原点は身近なところにある

自動車を例に、イノベーションがどのようになされてきたかを見てきた。それによって、イノベーションに必要な環境、条件、要素、あるいはイノベーションの主人公の思考や意図がわかった。これらを踏まえた上で、「イノベーションはなぜ難しいのか」について議論を進める。これは、本書のテーマである「ワイガヤ」に関係する重要なテーマである。具体的に議論を進めるために、イノベーションの原点とも言える創造（発明）に焦点をあてて、必要な環境、条件、要素を整え、課題に立ち向かい打破できる思考を醸成するのは難しいのかという問いに置き換えたい。

本節では、再び自動車開発におけるイノベーションに寄与した主人公たちに着目し、創造に必要な環境、条件、要素をどのように整え、課題に立ち向かい打破できる思考をどのように醸成していったのかを学んでみたい。この理解をベースに、誰でもイノベーションができるようにするにはどうすれば良いのかを考える。

（1）自動車開発史デザインレベルⅠ：キュニョーに注目

自動開発史のデザインンレベルⅠ（DL Ⅰ）の例では、主人公であるキュニョーは、軍事技術者としての教育を受けた。彼が属していた軍隊は、砲兵隊である。この砲兵隊の指揮官が大砲を運ぶ道具として「砲車の開発プロジェクトの遂行」を命じられ、これはフランスの国家プロジェクトとして推進されたものだが、そのリーダーとなったことから、軍事技術者のキュニョーが開発者として推薦された。このとき、キュニョーは40代半ばであった。3年間かけて蒸気機関を使った砲車を2台製作することになる。

キュニョーは、大砲を運ぶ道具として蒸気機関を使った車両を製作する際に、ドイツの技師ヤーコブ・ロイボルトの著書を参考にした。この著書は、機械工学の基礎を記した世界最初のものであり、その中には、「膨張した水蒸気がシリンダー内のピストンに作用して仕事をする」という蒸気機関に関するものや、「特殊なバルブを使用して“2つのシリンダーを交互に働かせる原理”」が記述されている。キュニョーにとっては、身近なところに着想の源があったのである。しかしながら、ヤーコプ・ロイポルトの著書に課題解決の糸口を見出すまでには、多くの労力を割いて知識を集めたに違いない。だから、迷わずこの著書に託すことができたのであろう。単に開発者というだけでなく、課題に立ち向かう熱意と解を見つけ出そうとする強い意志が彼の思考の根底にあったからこそできたことは間違いない。

蒸気機関に関連してもう一人忘れてはならない人物は、蒸気機関そのものの発明者、ジェームス・ワットである。彼は、ニューコメンの蒸気機関（図1.20）の効率の悪さに目をつけて、改良することで実用的な蒸気機関を発明するに至った。ワットも、身近なところに着想（気づき）を得て、復水器を設けて蒸気を冷やすことによりシリンダーを高温に保ち、効率を向上させる（図1.21）という発想（ひらめき）を得たのである。そのほかにも実用面で様々な改良を加えて、産業革命の立役者となった。

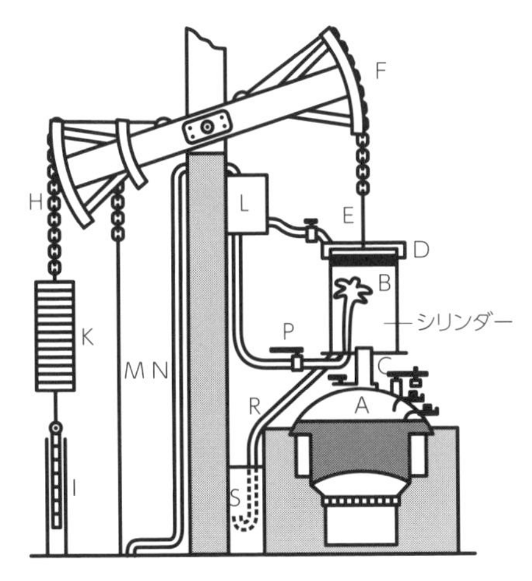

動作説明

1. 蒸気弁Cを開くと、ボイラAの蒸気がシリンダーBへ入り、ピストンDは、錘Kに引かれて持ち上がる
2. ピストンが上端近くへ上がる（図の状態）と弁Cを閉じて冷却水弁Pを開き、冷水タンクLの冷却水をシリンダー内に所定量だけ噴射する（B）→シリンダー内を冷却
3. シリンダー内の蒸気が凝縮するとシリンダー内は真空（負圧）となり、ピストン背面の大気圧でピストンが下げられ、排水ポンプ（図示せず）棒Iが持ち上がって坑道から水を引き揚げる
4. ピストンが下端近くまで来ると蒸気弁Cを開いて蒸気を入れ、シリンダー内を大気圧に戻す→蒸気がシリンダーを緩める→効率低下
5. シリンダー内が大気圧になると、他方の排水ポンプや重りがその自重で下へ下がり、シリンダーにはボイラの蒸気が入ってきてピストンが持ち上がる
6. 同時にシリンダー内の凝縮水は排水管Rと逆止弁Sを通って排水され、シリンダー内の空気を多少含む蒸気の一部も排出される
7. 以上の操作と動作を繰り返す

【ワットの気づき】
シリンダー内の冷却
→シリンダー内を暖めるのに時間がかかる
→効率低下

【ワットのひらめき】
シリンダー内の冷却
シリンダー内を冷やさずに圧力を下げる
→復水器

図 1.20　ニューコメンの蒸気機関

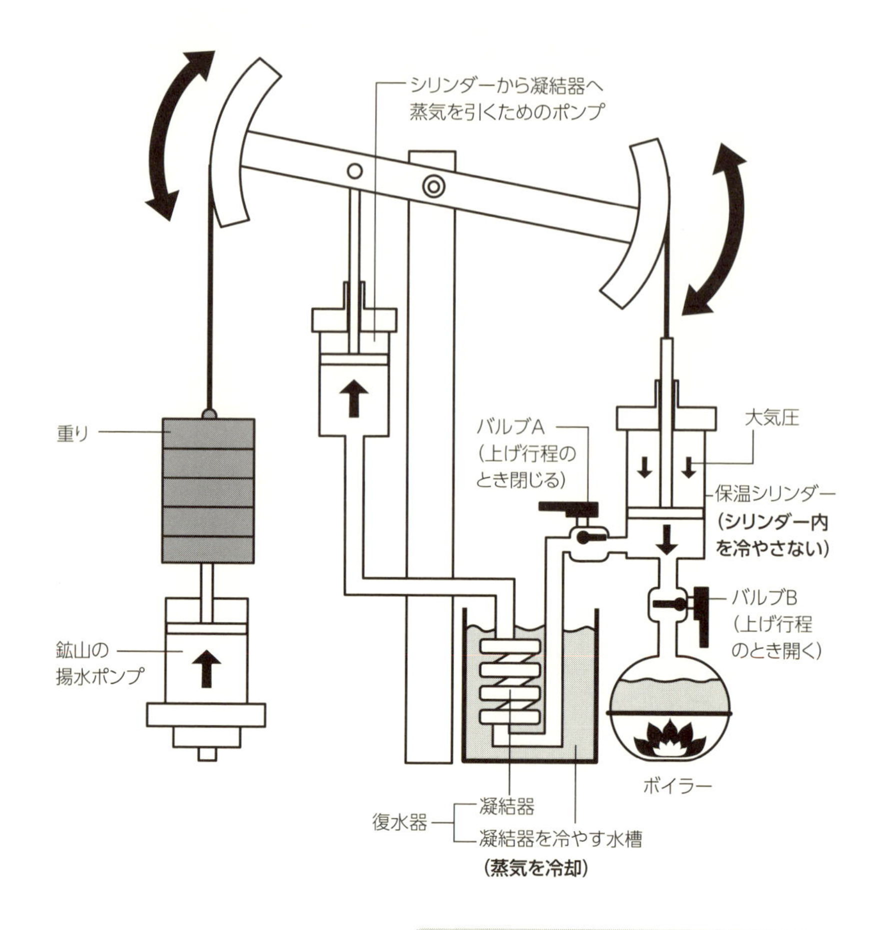

図 1.21　ジェームス・ワットの蒸気機関

(2) 自動車開発史デザインレベルII

デザインレベルII (DL II) の例では、主人公は明確には見当たらない。これは、馬車の普及に伴って発明された鉄製車輪、ブレーキ、操舵装置、懸架装置、車体フレームなどの技術が次第に洗練され、蒸気自動車は、それらの技術を上手に継承し、うまく組み合わせる設計技術によってつくられたからである。さらに蒸気自動車は、馬車に代わる移動手段としての新たなビジネスモデルを形成するために、多くの主人公がみんなで不断の改善を積み重ねて進化させたもので、特別な技術の発明により進化させたものではないからだ。

この事例のように、たとえ関連する業界から執拗に妨害を受けても、跳ねのけられるだけの価値を提供することもイノベーションに必要な条件と言える。

(3) 自動車開発史デザインレベルⅢ：オットーに注目

デザインレベルⅢ (DL Ⅲ) の例では、主人公はオットーである。彼は、16 歳の時に学校を離れて生活のために食料品店で働き、37 歳のときに石炭ガス燃焼機関に触発されて内燃機関の実験を始めたが、それまでは内燃機関の知識はなかったと思われる。ここから言えることは、スタート時点で基礎的知識が不足していても、熱意をもって取り組めば、イノベーションは可能であるということだ。実践の場で得た経験をもとに生きた知識として原理原則を学ぶことが本質であり、これこそが課題に立ち向い打破する思考を作り出す源なのである。

彼の功績は、ボー・ド・ロシャが提唱していた 4 ストローク機関を改良して、効率を上げ、高出力化した内燃機関を作り上げたことである。しかし、それだけではなく、製造会社（オットー社）を設立し、エンジン製造をビジネスとして成功させた功績も忘れてはならない。このビジネスとしての成功は、イノベーションとして重要なポイントである。

成功の要因の一つに共同経営者のオイゲン・ランゲンの存在がある。ランゲンは、起業家であると同時に工科大学でしっかりとした技術訓練を受けたエンジニアでもある。オットーの高い開発力と、ランゲンの技術力および経営力が一体となって初めてイノベーションに繋がったのである。また自動車を馬車の代用から自家用に仕上げたベンツや、ダイムラーとマイバッハが、ビジネスとして成功できたのも、オットーの成功例が身近な手本としてあったからこそだと言える。

(4) 自動車開発史デザインレベルⅣ：フォードに注目

デザインレベルⅣ (DL Ⅳ) の例では、主人公のフォードは、幼いころ農場を経営していた両親を亡くし、養子に出され 6 人兄弟の長男として育てられた。10 代になると父からもらった懐中時計に興味をもち、分解しては組み立てるといった遊びを繰り返していた。15歳になった頃にはその仕組みを完全に理解し、友人や近所の人のどんな時計でも修理してしまうほどの腕前になっていた。

その後、16歳のときに高校を中退して家を離れ、見習い機械工として就職したが長続きせず、3年後に郷里に戻って農場の仕事をしていた。そこで可搬型の蒸気機関(図1.22)の操作に没頭し熟達する。その経験が買われウェスティングハウスエレクトリック社（当時は電力事業会社）で蒸気機関の修理工として雇われたが、これも長続きせず、結婚した25歳の頃は農場と製材所経営で生計を立てていた。

移動可能な蒸気機関
建設現場や農場などで、
発電や揚水の動力源として
使用された

図1.22 可搬型蒸気機関

筋金入りの機械マニアであるフォードは、3年後にまたもや技術者になった。今度は、トーマス・エジソンが設立した照明会社の技術者である。持ち前の技術力が認められチーフ・エンジニアに昇進すると、ドイツで自家用自動車の実用化が進むのに感化され、内燃機関の開発に取り組み、とうとう4輪自動車を完成させたのだ。このときフォードは、エジソンに自分の自動車への夢を熱く語り、エジソンに励まされ勇気づけられたそうである。情熱家といわれた彼ならではのエピソードである。

4輪自動車の開発成功に自信をつけたフォードは、製材王ウィリアム・H・マーフィーの資金援助を得てデトロイト自動車会社を創業する。設立にあたりフォードは、「私は大衆のために自動車を作るのです。最もシンプルな設計で、ベストの材料を使うことによって、価格をたいへん安くできる。賃金が安い人たちでも購入できるようにして、家族でドライブや外出することを楽しんでもらいたい」と明言した。しかし結局このときは、彼が期待したような高品質で低価格な自動車はできず、成功することなく解散することとなったものの、人並み外れた情熱を持ったフォードは、己の哲学を失うことはなかった。

その後、従業員のC・ハロルド・ウィルズに製作を手伝ってもらい、フォードが設計した26馬力の自動車でレースに出場し良い結果を残した。この成功に気を良くしたマーフィーらデトロイト自動車会社の出資者は、ヘンリー・フォード社を創業し、彼はそこでチーフ・エンジニアとして活躍する。しかしながら、マーフィーがコンサルタントとしてヘンリー・マーティン・リーランド氏を抜擢したことに反発して、会社を去る。

次に、元自転車レーサーだったトム・クーパーとチームを組み、80馬力以上のレースカーを製作し優勝に導く。この時代のアメリカのクルマづくりは、部品メーカーが製作したパーツを使って組み立てるというのが普通であった。エンジン、トランスミッション、ブレーキ、タイヤなどを自動車の骨組みとなるシャシーにどのように組み合わせるのかが腕の見せどころであり、エンジンに関しては、馬力を向上させるチューンナップ技術も重要なファクターであった。

力をつけたフォードをみて、古くからの知人であるデトロイトの石炭販売業者のアレキサンダー・Y・マルコムソンが支援を申し出て、フォード&マルコムソン(株)という自動車会社を創業した。しかし、またもや自動車の売れ行きは低調で部品の支払いができないでいると、マルコムソンはさらに奔走して新たな出資者を見つけ、翌年、新たに「フォードモータ社」として再結成させた。

T型フォードで成功を収めるまでに、フォードは、実に7度の開発失敗と、5度の破産を経験したと言われている。それでもフォードは「誰でも買える大衆車を量産する」という哲学のもと、ぶれずに事業に邁進する。そして自身がレースに参加し、いかに作業を確実に効率よくこなすか試行錯誤を繰り返す中で、ついに熟練工による手作業を凌ぐ、標準化というイノベーションを生み出した。これには、次のようないつ話がある。ある時、精肉工場を見学した際、そこで肉がステップごとに運ばれて精肉されていく様子を見て、自動車の組み立てに応用できるのでは、とひらめいたと言う。

大衆化への熱い想いとレースで経験した効率の良い組立方式へのこだわり

からきたものだ。これが分業化した流れ作業による大量生産方式の着想へと進化していった。

(5) みんなでやれば、イノベーションは誰にでもできる

多くのエンジニアたちが不断の改善を積み重ねて蒸気自動車を進化させた例や、ベンツがオットーの特許を回避して、ガソリンエンジン搭載の3輪車を発明し、この3輪車をオットーの会社を辞めたダイムラーとマイバッハが、4輪式のガソリン自動車に発展させた例、さらにフォードが7度の失敗と5度の破産の経験から得た哲学と、多くの人々との関わりから得た経験をもとに、大量生産方式を考案した例のように、イノベーションとは多くの人々が影響し合い進化していくものであることが分かる。このように眺めて見ると、一見難しそうに思えていたイノベーションも身近に感じてくる。

創造に必要な環境、条件、要素を整理し、課題解決のための道筋（思考の経路）を理解し、狙いどころ（デザインレベル）に応じた取り組みを行えば、イノベーションは誰でも可能なのだ。着想の原点は身近なところにあるのだから。しかも、会社組織では、創造に必要な環境、条件、要素が揃っているので、活動をイノベーションのデザインレベルに合わせて組み立てれば良いのである。実はこれが、本書のテーマであるホンダの「ワイガヤ」なのである。

ワイガヤでは、集団で意志をもってイノベーションを起こすための方法が整理され、誰でも実践できるように工夫されている。

ワイガヤに取り組むにあたっては図1.23のような鉄則がある。

『ワイガヤに取り組むにあたっての鉄則』

①顧客視点で考えること（顧客価値指向）

②上下関係を廃した議論の場であること（情熱、熱意、博愛）

③事実に基づいた本音の議論を続けること（3現主義）

④着想の原点を身近なところから探し出すこと（3現主義）

図1.23 ワイガヤに取り組むにあたっての鉄則

ワイガヤでは、現場、現実、現物（3現主義）の事実情報と対峙して、集団による自由闊達な議論によりイノベーションを具現化していく。集団がもつ多様性を引き出し様々な知識を集めて思考を共通化できれば、自分と他人が一体の自他非分離の状態ができ上り、個人だけでは到達できない、新しい世界が開け、思いもよらぬアイデアが浮かぶのである。これらの鉄則はそのためにある。殺伐とした組織からは何も生まれないのである。

それでは、イノベーションを起こすためにワイガヤがどんな役割を果たすのであろうか。イノベーションを生み出すための3大要素は、発明、パラダイムシフト、訴求であるから、これらについて紹介する。詳細は、第2章以降に譲る。

ワイガヤでは、実現したい社会の普遍的な目的や哲学が問われる。「なんでこんなことをやる必要があるんだ」、とか「どんな価値があるというのだ」、という具合の質問の嵐の中で、解を探しながら実現すべきパラダイムシフトと、これを具現化するために作るべきモノ、あるいは実施するべきコトのコンセプトを固めてゆく。このコンセプトは、差別化された目的のことであり、他社に無い新たな視点の「気づき」から「ひらめいた」ものである。コンセプトの良し悪しは、この「気づき」と「ひらめき」で決まる。みんなが納得した良いコンセプトからは、発展性のある唯一無比の強い発明とパラダイムシフトから連想される夢と希望が生まれる。

コンセプトができあがると、次は社会や顧客の価値観に実際にパラダイムシフトを起こせるかどうかがポイントになる。そのためには、「発明」「試作」「特許化」「製品設計」「意匠デザイン」「商品設計」「生産設計」などの新しい価値を創出する（コンセプトを具現化する）活動に加えて、新しい価値を訴求して普及させる「広報」、「販売」、「サービス」、「メンテナンス」などの活動が一つの方向（コンセプトの具現化）に向かって突き進んでいく必要がある。

しかし、今までにないものを生み出すわけであるから、当然、既存の技術や手法だけでは達成できない高い目標が設定される。だから、議論が白熱すると、次第に追いつめられてゆき、今までの既成概念とか固定観念だけの狭い知識や一変通りの思考ではやっていけなくなり、崩さざるを得ない状況が作られていく。この追いつめられた状況の中では、なかば必然的にセレンディピティを体験することになるのである。このようにして、不屈の精神、課題を克服する術が身についていく。

ワイガヤには、上下関係を廃した議論の場であるという不文律がある。自由闊達、皆平等、意見も批判も尊重する。みんなが主人公となり、とにかくワイワイガヤガヤ話し合う。新しいことは、やってみないとわからない。開発途中には、予測できない体験したことのない課題が出てくる。過去の経験も知識も通用しない。誰にも分からないことだから、課題解決の種（気づき、ひらめき）になりそうな着想なら何でも、とにかく転がして膨らませ、ダメなら、また次へと新たな「気づき」を求めて議論し、解に到達しそうな「ひらめき」が得られるまで繰り返す。このようにして、ワイガヤは、人の発意(気づきやひらめき）を促して今まで存在しなかったモノやコトを創出し、イノベーションを起こすのである。

ワイガヤを例にとっても分かるように、イノベーションは、個人が主導することはあっても全てを成し得るものではない。みんながモノやコトの普及により社会貢献するという希望に向かって強い意思を持って取り組むべきものであって、個人が怯むようなものではないのである。もし個人に過剰な責任が押し付けられているような事業であるならば、イノベーションは不可能であることに気づくべきである。蒸気自動車（DL II）の例では、明確な主人公は存在しなかったことを思い出そう。目標が共有され、みんなが主人公であるという環境が醸成されれば、自らが目標に向かって部門の最適な施策を怯むことなく企画、推進できることがわかるはずである。

たとえば、炊飯器、電子レンジ、洗濯機、冷蔵庫、ラジオ、テレビ、DVD…などの電気製品は、全てイノベーションの結果、生まれ、大衆化されることによって、いつの日か当たり前のごとく使われるようになったものである。これとは逆に、イノベーションが巻き起こらない製品は、普及せずに消えてなくなる運命にある。普及こそがイノベーションの原動力であり、困難を乗り越えて、全く新しい商品を会社全体の組織力で市場に投入する意義なのである。

誰もやったことのないモノやコトへの挑戦であるから、やってみなければ分からないのも事実である。しかし、偶然訪れる幸運な発見、つまりセレンディピティとは、多くの場合、失敗から学ぶことによってもたらされるが、ワイガヤでは、高い目標で追い詰められた状態をつくり、既成概念や固定観念のタガを外すことによって体験するものである。現場で、現物、現実と対峙しながら事実を素直に俯瞰できれば、閉ざされた思考の殻（既成概念、固定観念）が破れ、そこから「気づき」、「ひらめき」が生まれ、社会を変えることができるということをワイガヤや過去の多くの取り組みは教えてくれている。さあ、怯まず、やってみよう。

次章からは、ワイガヤについてもっと詳しく見てみよう。

第2章

イノベーションに必要な“セレンディピティ”とは

2-1 事例から学ぶセレンディピティがもたらされる条件

歴史を振り返ってみると、画期的な「技術」や「発明物」の創出が行われた時には、ある共通した環境があることが浮かび上がってくる。既成概念・固定観念を取り払い、(創出に対する) 強い欲求・想いを醸成するためのある種の雰囲気が存在していることである。セレンディピティにつながる気づきやひらめきはそうした雰囲気のなかからもたらされているのである。

(1) 追い詰められたことで得られたイノベーション

第二次大戦終了後、わが国は造船技術で世界をリードした。その造船技術の中に戦後の復興のため、時間に追い詰められながら目的にひた走った技術者の葛藤の姿が見える。

第二次大戦終了時 (1945 年)、貿易に活用できる船舶は戦前の 2 割までに減っていた。その船舶も戦時標準船で質の劣るものであった。ほとんどの船舶は占領当局の管理下に置かれるだけでなく、建造も規制され、戦後の貿易力の再建は絶望的状態であった。政府は 1947 年、推進するための法の制定や資金の援助を行ったが、当時の造船技術は戦前技術の踏襲であり、造船技術として、世界と対等に伍するレベルではなかった。このため、価格、品質で世界に通じる技術の確立が急務であり、国をあげての対応が必要であった。戦局が悪化する戦争末期、必要とする船舶確保のために短期間・大量生産が可能な全溶接構造の小型輸送船を造船した。その小型輸送船が戦後残った質の劣る戦時標準船であった。溶接接合を用いた造船中に変形するなどの事故も起こり、全溶接構造の造船は短期間・大量生産のメリットを持つが、高度な溶接技術の無い当時の日本では、造船業としては生かすことができなかった。戦後の追い詰められた状況の中、高度な溶接技術を確立し、「鋲接から溶接」へという新建造方式構築のため、産官学と海軍出身の技術者が集まり組織が形成された。

質が悪いが、短期間・大量生産の可能な全溶接構造による新建造方式へ大きく舵を切ったことになる。その溶接技術の確立と同時にその技術から「溶接工法ブロック建造方式」生み出された。これにより船全体構造をブロックに分割することができ、各ブロックを溶接することで船ができあがる（図2.1）。各ブロックは別な工場で製造し、船台で組み立てることになる。従来は船台の上で鋲を取り付ける組み立て方法が主であったので、船台を占有する期間も長くなる。そのことから「溶接工法ブロック建造方式」は船台も効率的な活用が可能となる。ブロックも工場内で組み立てられることから、簡易化と精度の確保が可能となる。すなわち、早く、安く、高品質の手法が優れた溶接技術の確立によって生まれた。ブロック工法建造方式のわが国の造船業は、1956 年に世界一の座を獲得した。

公益社団法人発明協会、戦後日本のイノベーション 100 選には「日本の「溶接工法ブロック建造方式」の技術水準が急速に向上した背景には、産学官から集まった多様な研究者と各造船会社の製造部門技術者とで構成された研究委員会における共同作業の実施がある。溶接工法ブロック建造方式の確立は、戦後日本の造船業が発展する礎を築いた最大のイノベーションであったと言える。」と記述されている。

（引用：戦後日本のイノベーション 100 選（戦後復興期）、発明協会、http://koueki.jiii.or.jp/innovation100/innovation_detail.php?eid=00006&age=post-war）

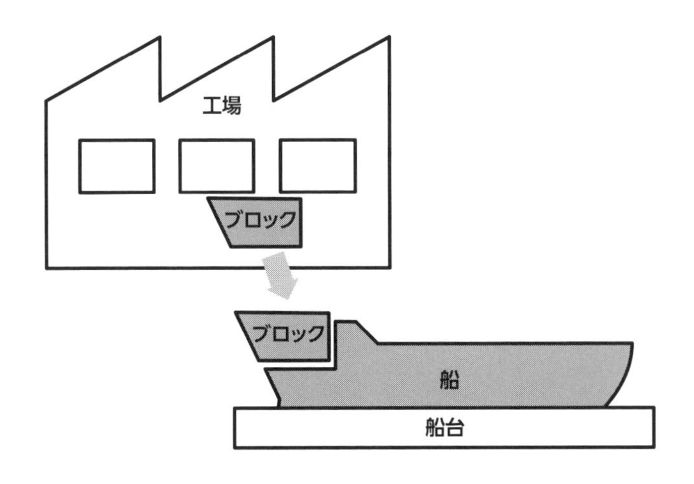

図 2.1　適当な大きさに区分したブロックを工場で製作

2-2 ひらめきはどのように結実したか

前述したように追い詰められた中で、産官学の技術者と研究者が集団で技術開発に邁進、新しい技術の確立が行われた例や、社会環境が大きく活性化しているときに、それが刺激となって、次から次へ新しい発想が生まれた例のように、追いつめられた環境や高揚感の中で刺激し合いある種の気づきが生まれ、目的とする機能を満たす「ひらめき」に繋がることがあるようだ。

以下にこのことをより明確にするために、ひらめきによりイノベーションを生んだ開発例を紹介する。

(1) 東京オリンピック時のインフラ開発

1964年に開催された東京オリンピックでは、開催期日が迫っているにもかかわらず、多くの新しく大胆な試みが実施された。具体的に言えば、用地買収などの課題をできるだけ減らし、期日までに首都高速道路やモノレールを開通するため、河川の上の空間を何層にもわたって道路・レールを通し、立体的に活用するひらめきが生まれた。高度経済成長期、しかもオリンピック開催というある種の高揚感のなかで一気にイノベーションが巻き起こった例だ（図2.2）。

河川の上に
高速道路をつくる

図2.2　公共立体空間の利用というイノベーション

とりわけ首都高速道路の開通、および都心と羽田空港を結ぶモノレールの開業はビジネスと生活に大きな変化をもたらした。日本の交通インフラに、はじめて「空」と「陸」を結び付けるパラダイムシフトが起こったのである。

そのときの様子は、以下に詳しい。

「昭和25（1950）年以降、日本経済は高度成長時代を迎え、都心ではビルの建設ラッシュが始まり、東京都内の自動車保有台数は昭和35年には50万台を超える状況でした。その結果、都心部での交通の混雑が増大し、昭和40年にはほとんど全ての都心部主要交差点が飽和状態となり、街路交通は麻痺するものと予測されていました。このような状況を改善するため、都心部の街路機能を補完する「連続した立体交差道路」として、首都高速道路が計画されました。

首都高速道路は当初、都心部を囲む環状線と8本の放射線合計71kmの自動車専用道路網として計画決定され、また、昭和34年5月に東京オリンピックの開催が決定されると、オリンピック関連施設と羽田空港を結ぶため、約32kmをオリンピック関連道路として優先的に整備しました。その建設は、幹線道路や江戸時代以来の水路など、公共空間を最大限に利用しながら進められ、昭和37年12月20日に首都高速1号線のうち、京橋〜芝浦間4.5kmが日本で初めての都市高速道路として開通しました。オリンピック東京大会を目前とした昭和39年10月1日までに約32.6kmが開通し、オリンピック開催時には、平均7万5千台/日が首都高速道路を利用しました」

(引用：首都高速道路株式会社、首都高開通50周年を迎えて、道路行政セミナー、道路新産業開発機構、2012年12月、http://www.hido.or.jp/14gyousei_backnumber/2012data/1212/1212shutoko_50th.pdf)

つまり、東京オリンピックに向けて、競技施設と空港を結ぶ高速道路の建設を優先的に進めるためには用地買収が最大の課題であった。しかし、戦後15年以上経過した当時の東京には、新たに道路を通す余地がないばかりか、オリンピックに間に合わせるためには地主との交渉の時間すら残されていなかったのである。

そのため、用地買収の必要がない河川の上や、江戸時代運河であった場所に高速道路を作るという案（ひらめき）がもちあがった。しかし、これらのいわば「公共立体空間」は、もともと河川や運河の幅がそれほど大きくなかったため、設計者が、道路の分岐個所や、インターチェンジを配置する際には、支柱の設置場所や設計にはたいへん頭を悩ましていたといわれている。そうした中、ひらめいたのが支柱として橋桁を造り、それに複数の道路を載せる方法である。現在では当たり前のように使われている方法であるが、当時としては、画期的な設計法だったのである。

同様に、1964年9月、都心と羽田空港を直接結ぶ交通機関として開業した東京モノレールにも同じ構図がみてとれる。オリンピック開幕のギリギリの開業であったので、土地の買収が難航した。当初の「新橋―羽田空港」間から「浜松町―羽田空港」間に計画を変更するなど多くの困難がうかがえる。半世紀以上経った今日、こちらも生活の中に根付いたイノベーションの一つと言えよう。

(2) ミシン針の開発

裁縫ミシンの発明は、それまでの手縫いのテーラーからミシンを用いたテーラーへと、衣類の製造方法を一新した。このパラダイムシフトにより、縫織が新しい産業へと一挙に成長したのである。まさにイノベーションである。

ミシンのコア技術であるミシン針の発明は、19世紀半ば、エライアス・ボウというアメリカの発明家によりなされた。ボウは、布地を縫う機械(ミシン)を実現するために3年以上も研究したが、どうしても針の糸穴の位置が決められなかったという。一般的な縫い針には後端部に糸を通す穴が開いている。しかし、後端部に糸穴のある針では針を布の全てに通してしまわないと縫うことができない。行き詰ったボウは、ある時、槍を持ったインディアンに追いかけられる夢を見る。このときインディアンの持つ槍の先に穴が開いていたことにヒントを得て、現在のようなミシン針を開発した(図2.3)。

課題解決に悩んでいる時期、ボウの頭には、さまざまな案・イメージが存在していたと思われる。最終的に夢のお告げとして表出してきたこのひらめきは、まさにセレンディピティそのものといってもよい。

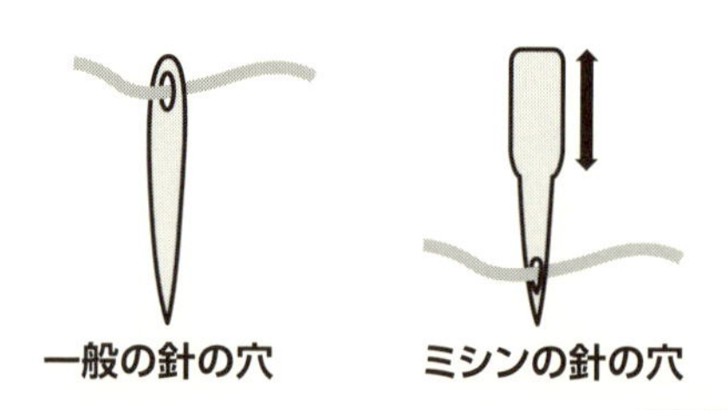

図2.3 ミシン針の発明

(3) 時計 G-SHOCK の開発

「壊れない時計」で知られるカシオ G-SHOCK の誕生にもセレンディピティ がある（図 2.4）。

腕時計は高級な精密機械であり、オシャレなアクセサリという扱いが当たり前であったが、G-SHOCK という時計が登場すると激しいスポーツ中や、登山等で考えられないような過酷な条件でも平気であることが当たり前と思われるようになった。

図2.4　初代G-SHOCK「DW-5000C-1A」

このG-SHOCKを開発したカシオの開発部門では当時、各担当者に毎月1回「新技術・新商品提案」が義務付けられていた。その開発担当者が「落としても壊れない丈夫な時計」という新技術・新商品の提案をした。この提案をしたのは、この担当者の過去の経験で、他人とすれ違いざまに自分の腕時計を落とし壊してしまったことを思い出したからだという。このなにげなく出した案が毎月1回の「新技術・新商品提案」に採用され、担当者自身もその開発チームにエンジニアとして参加した。すれ違いざまに落とし壊してしまったことから、「新技術・新商品提案」は「高いところから落ちても壊れない時計」と提案してしまった。そのため、この高い目標は、この担当者を苦しめ、追い込み、最終的には腕時計の新しいマーケットの創出という結果が生まれた。その高いところから落としても壊れない時計を開発する実験は、3階の窓から落とすという過酷なものとなったという。試作品を作っては試しの実験は二百回以上になったという。何度やっても、必ず、どこか一つの部品が壊れており、その対策をすると今度は別の部品が壊れるというように壊れない時計の開発の見通しは立たなかった。何度やっても成果が出ないことに責任を感じ、提案した担当者は、辞表を出す覚悟をするまでに追い込まれてしまったと言う。この辺りの心境は前述のミシンの針で悩むエライアス・ボウと同じような状態になっていたのではないかと思われる。その担当者は1週間以内に打開策が出ないのであれば辞表を出すまで自分を追い込み、身辺整理を行うため、休日に会社に行った。その時、公園で子供たちのボール遊びを眺めていた。そのボールの上下の動きを見ているときに突然、ボールの中に時計が浮かんでいるイメージが生まれたという。ボールの中に浮いている時計には衝撃が伝わらない。つまり浮いている状態を作り出せばよいのではないかというセレンディピティが訪れた。これが解決策であるモジュール浮遊構造着想のきっかけとなり、その後の開発はとんとん拍子に進んだ。公園の子供たちのボール遊びからセレンディピティを得たのは、自分を追い詰め、辞表を出すと決めた前日であったという。

G-SHOCK は、パーツを点で接触させ、モジュール部分が宙に浮いたような状態になっている（図 2.5）。これが衝撃から守る秘訣である。その後、構造の詳細設計はすぐに決まり、その結果、落としても壊れない時計ができあがった。壁を破るためのきっかけは、壁を築いた本人だけが悩む中で何気ないことで現れたセレンディピティが解決したことになる。この結果、オシャレなアクセサリという扱いの腕時計が壊れないことこそ価値であるという今までの常識を覆した新しい腕時計のマーケットが生まれたのである。

（参考：吉岡綾乃、"30 年経った今だから話せる、初代 G-SHOCK 開発秘話 "
—エンジニア・伊部菊雄さん、G-SHOCK 30TH INTERVIEW、ITmedia ビジネスオンライン、2012 年 10 月 22 日、http://bizmakoto.jp/style/articles/1210/22/news119.html）

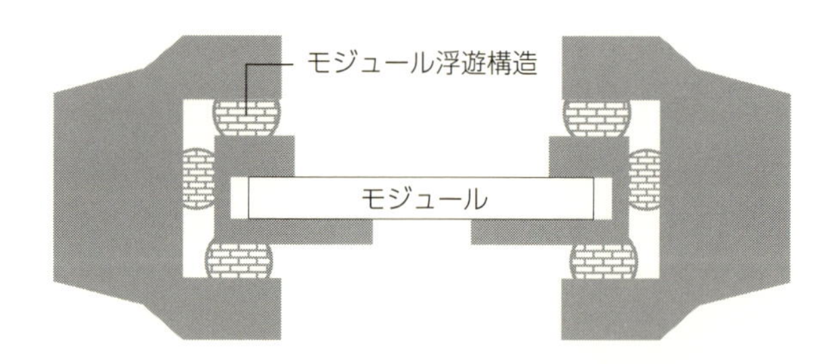

図 2.5　モジュール浮遊構造

（4）まとめ

“気づき・ひらめき”のために既成概念・固定観念を取り払い、強い欲求・思いを醸成するためのある種の環境や雰囲気が必要である。過去から現在までに、新しい技術や実用的な発明物の創出が行われたときの状況を振り返って、推察すると必ずしも、証拠立てて言い切れないが、共通の条件が浮かび上がる。

例えば、高度経済成長期には一種の高揚感のある中で、世界に通用する新しいものを求めた結果、日本発の新技術が次から次へと現れ、世界を席巻したのではないだろうか。また、追い詰められながら創出した例として、1964 年に開催された東京オリンピックでは期日に間に合わせるための新しい挑戦が多く見られる。具体的に言うと、狭い東京で困難をきわめた土地買収の課題を解消し、期日までに首都高速道路やモノレールの実現を行うために、川の上の空間を何層にもなる立体的活用が上げられる。日本ではないが、裁縫ミシン用の針は手縫い用の針とは異なり、針の先端付近に針穴がある。ミシンの構造を考えていた発明者がなかなか良い方法を見つけることができず悩みに悩んでいたとき、ある日、槍を持ったインディアンに追われた夢を見たという。その槍先に穴が開いていることに気づき、針の先端付近に針穴を設定したミシンができた。G-SHOCK という 時計の開発にも似たようなエピソードがあった。このようにある種の追い詰められた状況がある種の事象に「気づき」を与え、それが「ひらめき」に結実する。悩みに悩む状況が解決のためのひらめきにつながる。このようないろいろな発明の中に存在したと思われるひらめきの例を表 2.1 に示した。ミシンの針を例に取ると、一人の発明者が悩みに悩んだ状況で精神的に追いつめられて“気づき”を得る。それがきっかけでひらめいたのである。

	精神的に追い詰められて	高揚感（ワイガヤ）状態で
G-SHOCK	○	
ミシンの針	○	
戦争中の兵器の発明	○	
戦国時代		○
明治維新	○?	○?
戦後の復興		○
東京オリンピックのときの東京都市改革	○	
高度成長期		○

表 2.1　ひらめきを生み出す環境の例

2-3 ホンダにみる“セレンディピティ”の獲得

ここでもう一つの事例として、環境対応CVCCエンジン（CVCC；Compound Vortex Controlled Combustion、複合渦流調速燃焼方式）の開発時に訪れたセレンディピティを紹介しよう（参考：久米是志、“「ひらめき」の設計図”、創造への扉は、いつ、どこから、どうやって現れるか、小学館、2006年）。

このCVCCとは、自動車エンジンの燃焼室の隣にもう一つ小さな燃焼室を設けて、ここに濃い混合気を送って最初に着火させて火種を作り、この火種を吹き込んで主燃焼室の薄い混合気を燃やす（この方法をトーチ式点火という）ことで排気ガス中の有害物質を減らす、という希薄燃焼方式のエンジンである。

1970年、「マスキー法」という「大気汚染防止法」がアメリカで制定された。5年以内にそれまでの排ガスの有害成分（NOx、CO、HC）を1/10以下に抑えるというものである。当時、世界中でまだそのようなエンジンは存在しないばかりか見通しもないままの見切り発車の制定であった。世界中の自動車会社は、その実現性に対し、疑問を持っており、「マスキー法」の成立自体を危ぶんでいた。

当時、排ガス中の未燃焼成分を貴金属触媒を使って低温で燃焼させる「酸化触媒方式」、排ガス通路を断熱して高温を維持したところに新しく空気を吹き込んで再燃焼させる「リアクタ方式」、排ガスの一部を再び燃焼室に送り込んで燃焼温度を下げ、COの発生を低減させる「排ガス循環（EGR）方式」などが主流で研究されていたが、どの方式も先がまだ見えない状況が続いていた。

もちろんホンダも例外ではなかったが、研究開発を開始して3年でいち早く世界で初めて技術を完成させた。それがＣＶＣＣ（複合渦流調整燃焼）エンジンである。これをきっかけに「マスキー法」自体の成立も認めることになったのである。

（1）現状分析：課題の抽出

「一体何が悪いのか？」現場では排ガス成分を連続的に測定しグラフにした記録紙を床に広げて、夜を徹しての解析と議論が続けられた。その甲斐あって、問題となる現象を見つけ出すことができた。それは、以下の4つの特定の運転条件下で一時的に炭化水素（HC）、一酸化炭素（CO）が増大することであった（図2.6）。これらを全て抑制することができれば、規制値はクリアできるはずである。

1. ある高負荷領域における気化器の性能不良によるHC排出
2. ギヤシフトで減速を行ったときのHC排出
3. エンジンが冷えている時のCO排出、HC排出
4. ある定常運転条件下でのCO排出，HC排出

図2.6　4つの課題

さっそくこれら4つの課題に取り組む専任グループが編成された。このときすでに開発は、当初の予定から大幅な遅れが出ていたが、すぐにいくつかの解決策が見出され、これらをドッキングしたエンジンテストが実施された。

（2）セレンディピティの獲得

約1時間の排ガス計測の間、それぞれの対策グループの責任者たちが見守る中、マスキー法規制値をクリアしたことが試験担当者から報告された。しかし、この成功は、つかの間の幻想のように消えてしまったのだ。実験車を替えたり、テストを繰り返すうちに一度クリアしたはずのデータが再現できなくなっていたのである。何をやってみても効果が見られないまま時間だけが過ぎてゆく焦燥の日々が続いた。

グループメンバーの胸のうちに「対策をやり尽くしても障害が突破できないなら、一旦は撤退して別の道を改めて探ってみるしかない」という諦めがだんだんと芽生えてきたころ、あるグループの実験室で突然、目を疑うような事件が起こった。

彼らは、酸化触媒方式の研究をコツコツと続けており、その一環として研究中の触媒をトーチ点火方式のエンジンに装着したときの試験データを収集していた。事件が起きたのはその最中の出来事である。エンジンと触媒装置の間を連結する排気管を、ありあわせの鋼管を溶接して作ったところ、いざ運転を始めると、試験台上の排ガス分析計から流れ出てくるHCデータがいきなり、激減し始めたのである。そのとき排気管は、高温になって真っ赤に透き通るように輝いた後に、間もなくして熱の影響を受けて破損してしまった。それは思いもよらぬ「天啓」ともいうべき現象であった。

この現象に気づき、排気管から熱を逃がさないように工夫してやれば、排気管内で未燃HCを反応させることができそうだ、とひらめいた。もしそれができれば､再現性が悪いという障害は一気に解決してしまうのではないか。

世の中の発明や発見の事例には、熱心な研究の労力に対する神仏の加護ともいえるようなヒントが与えられる瞬間がある。そしてその瞬間をキャッチすることこそ、研究者の注意力であり、幸運、つまり「セレンディピティ」を手にする“条件”だと言える（図2.7）。この突然の報告を聞いた他のメンバーは即刻､「熱しやすくて、しかも破損することのない排気管」を作り出すための新しいチームを発足させた。

幸福の発見：セレンディピティ？

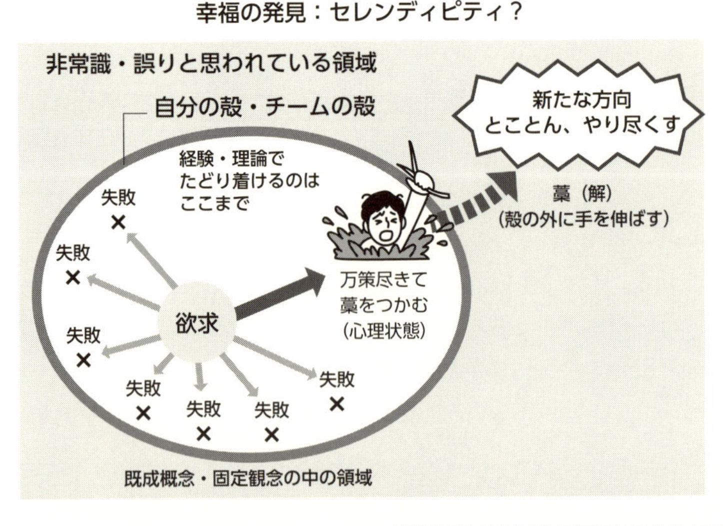

図2.7　セレンディピティのイメージ

(3) マスキー法クリア

予定された公開テスト日も迫ってきたある日、ついに試験車からマスキー法規制値をクリアする排ガス分析データを採取することができた。試験車を替えてテストしてもデータのばらつきが少なくなる公開テスト用の10台の試験車の全てが、規制値をクリアすることができた。チーム全体の「やってみること」へのひたすらの努力の集積が、「天啓」に助けられて強固な障害に突破口を開けてしまったのである。

その頃、生産部門では、耐久性、信頼性、生産性などの確認と改良作業が軌道に乗り始め、大勢のスタッフが共同して、規制値をクリアする自動車の生産に向けての準備を急ピッチで進めていた。

そしてその年の末には、米国環境保護局により、世界で初めてマスキー法をクリアしたエンジンとして認可された。さらに米国市場では、4年連続して燃費No.1の認可を受け、しかもガソリンの質を選ばないことが評価されるなど、ゼロからスタートした国内国外の自動車市場に橋頭堡を築き上げていくことができたのである。

開発から40年以上の歳月を経た今、「熱くなりやすく破損しない排気管」は、低温で効果的に作用する触媒装置に置き換えられ、気化器は状況に応じて精密に供給量を加減できる電子制御式燃料噴射装置に代わっている。

(4) セレンディピティ獲得の条件

デザインレベルでいうと、自動車のビジネスモデルもエンジン技術も既に確立した中で、マスキー法という社会変化ニーズをチャンスと捉え、「環境対応技術の世界初の実用化」と「この技術で社会にパラダイムシフト」をもたらした。そしてさらに自動車に「新たな環境ビジネスの市場」を作ったので、「DL Ⅲ」に相当する。

ホンダは、大気汚染防止法の制定という社会環境の変化を企業としていち早く受け入れ、後戻りできない、やってみるしかない状況、すなわち必然性を作り出した。法律の制定という、この環境変化を受容することにより創造的思考を喚起させ、現場で開発者たちが自由に議論し、併行開発することにより連鎖的に創造を生み出す環境（創造の場）を形成した。そこから神仏の加護ともいえるようなヒントが与えられる瞬間を見逃さない研究者が育ち、幸運、つまり「セレンディピティ」を手にする“条件”を手に入れたことになる。これらの前提としてワイガヤの重要性が確認できる。

自動車開発史にみるイノベーションの歴史と共通するものは、「蒸気機関の発明」と「マスキー法の制定」という環境変化により創造的思考が喚起され連鎖的に創造を生み出したこと、発明の条件、すなわちそのときその時代に用意された技術要素をうまく利用してニーズに対応した新しい技術を完成させる技を持っていたことである。これらが実践の場で現物、現実と対峙しながら実行されたときに、「気づき」や「ひらめき」が生起されるのではないだろうか。

コラム　破天荒が「ひらめき」を促し、イノベーションを生む

セレンディピティにつながる「気づき」や「ひらめき」を醸成するため、既成概念・固定観念を取り払い、(創出に対する) 強い欲求・想いのある種の雰囲気を設定することが重要であることを述べたが、破天荒な生き方をした人の中に既成概念・固定観念を自然に取り払ってきた成功人が存在する。その人たちの雰囲気をコラムとして「破天荒が「ひらめき」を促し、イノベーションを生む」を紹介する。

破天荒な思考とは、既成概念をいとも簡単に覆す頭の働かせ方である。この破天荒な思考とこの思考により突き動かされる行動が、多くの「ひらめき」を生み出しパラダイムシフトを起こすのである。しかしながら、常識をなかなか超えられないのが人間の“さが”であり常識人なのである。即ち凡人の所以である。イノベーションは、劇的な普及により社会にパラダイムシフトを起こすことであるから、破天荒な思考をそう簡単には獲得できない。みんなでまねてみることは意義のあることなのである。そこで、戦後の天才経営者の破天荒な思考を覗いてみる。

(その1) パラダイムシフトの天才：本田宗一郎

本田宗一郎は、ホンダ創業6年後の1954年にマン島TT (ツーリスト・トロフィ) レース出場宣言を行った (図2.8)。社員の誰もが耳を疑う出来事であった。マン島TTレースは、イギリスのマン島で毎年開かれている2

輪車レースの最高峰のレースである。モーターサイクルの名門であるアメリカやヨーロッパの一流メーカが世界最高のスピードを競う「オートバイのF1」である。そのレースに2輪メーカーとしては、まだ駆け出しのホンダが出場し、しかも優勝すると宣言してしまったのだ。

図 2.8 本田宗一郎

宣言した当の本田宗一郎に何か勝算の根拠があった訳ではなかった。本田宗一郎は実のところ、このレースを見たことさえなかったのである。でも、とにかくやりたいことが最優先され、どうせやるなら最高峰のレースで、しかも優勝だ、とばかりに、最高の目標（理想）から先に立ててしまうという破天荒ぶりだ。

当時のホンダは、設立以来最大の経営危機の状態にあった。そんな状況だからこそ、社員のベクトルを一つの方向に揃える必要があったのかもしれない。

この本田宗一郎の破天荒な思考と行動から、新たな技術の挑戦が始まる。当時の一般的な2輪用エンジンの回転数から3倍以上の回転数に上げなければ、マン島 TT レースでは戦っていけない。これは、当時の飛行機用エンジンの2倍以上の性能をもった新発想のエンジンを開発することを意味する。普通の設計では生まれない多くの「ひらめき」を必要とする新たな挑戦である。

出場宣言してから5年後の6月、初出場ながら6位に入賞した。ホンダの名は一躍世界に知れ渡り、世界市場へ本格進出する足掛かりを掴んだのである。まさに試練はチャンスを実践したのだ。

まるで入賞を予測したかのように、その年の5月に、ホンダ第一号海外拠点「アメリカンホンダ」を設立したのである。国内の二輪車・自動車業界初の戦後第一号の海外拠点開業であった。

そして、出場から3年目の1961年6月に、念願の優勝を遂げる。しかも世界で初めての全クラス完全制覇（125cc、250cc クラスで1位から5位を独占）という快挙である。始めてから7年を経て、誰もが耳を疑った破天荒な目標が、現実のものになったのだ。

この破天荒な目標から生まれた多くの「ひらめき」による高回転・高出力のエンジン技術が、後のホンダの吹きあがりのよい応答のよいエンジンというブランドを築いたのだ。

1958年に発売された画期的な車名:スーパーカブは、スクータでもモペットでもない形が新しいジャンルを開拓し、スーパーカブという車名を世界に広めた（図2.9、図2.10）。49ccで4.5馬力/9500回転（1リッター当たり92馬力）の高出力エンジンが開発できたことが成功の要因であり、これもレース技術あっての成果であった

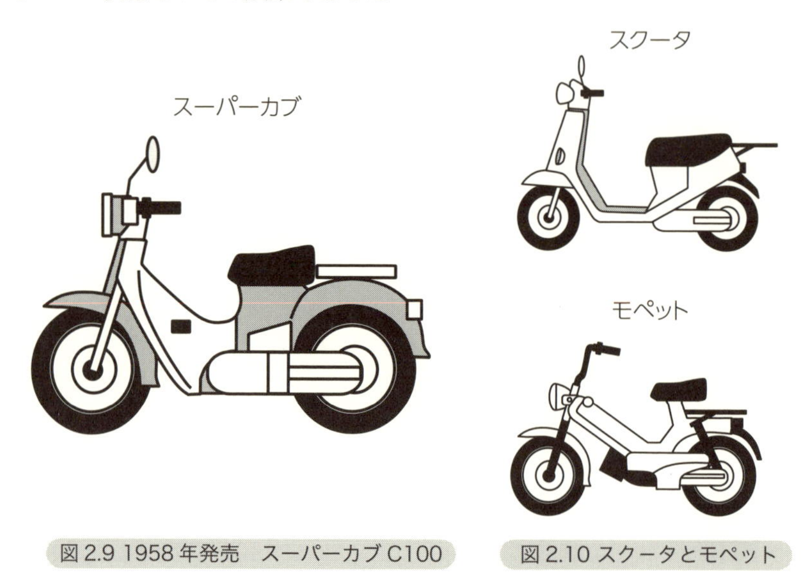

図2.9 1958年発売　スーパーカブ C100

図2.10 スクータとモペット

それから10年後の1964年に、今度は自動車レースの最高峰F1レースへの出場宣言を行った。そして、翌年の10月に開催されたメキシコグランプリで初優勝を飾ったのだ（図2.11）。1963年発売のスポーツカーS500（図2.12）を皮切りに4輪車市場へ本格参入を企てる本田宗一郎の、ホンダにおけるパラダイムシフトを狙ってのことであった。

図 2.11. 1965 年　ホンダ RA272
（メキシコ・グランプリで優勝）

図 2.12　1963 年　ホンダ S500

そのほかにも、車名：シビックは、セダンスタイル（4 ボックス）が常識であった自動車に 3 ボックスという箱型でパラダイムシフトをもたらし、さらに世界中のどの企業もしり込みした環境対応エンジン（CVCC）の開発や、アメリカ・オハイオへの工場進出など、本田宗一郎の破天荒ぶりは、枚挙に暇がない。

ホンダ流のものつくりは、需要は創造するものである、という観点から最初に目的・目標を立て、たとえば、目的を“胸のすくような走りを実現する軽スポーツカーの開発”と定める。そして、このエンジンの馬力を同じシリンダーの容積で 2 倍に上げようと目標を決め、そうするにはどうすれば良いのか、ということを最初から決める。そして、課題を整理して実行計画をつくる、ところが実際にやってみたら、そううまくはいかないから、うまくいかない所をみんなで知恵を絞って直していく。そうしていくうちに目標とする技術ができ上って目的を達成する。これがホンダ流であり、最初に立てた目的・目標が破天荒である、即ち常識外れであることが、パラダイムシフトの条件なのである。

（その 2）パラダイムシフトの天才：井深大

井深大は、アメリカで開発されたトランジスタの国内生産に成功し、それを利用したトランジスタ技術で、現在の電子立国日本の基礎を築いた人物である（図 2.13）。

井深氏は、半生を振り返って次のように述べている。「私がトランジスタラジオをこさえようと言ったら、アメリカ人たちは、皆、そんなの無茶だからやめなさいと言った、そのときそれでもやりましょうと言ったことが、今日の私どもが存在する一番の大きな理由だと思うんです。常識でやったらだめということでも、目的を立てて一つずつ直していったらできちゃったということが大きな功績になった訳です」

井深の率いたソニー（旧東京通信工業㈱、以下ソニーと呼ぶ）は、1956年に日本初のトランジスタラジオ、1960年に世界で初めてのトランジスタテレビを実用化した（図2.14）。

図2.13 井深大

図2.14 トランジスタテレビとトリニトロンカラーテレビ

カラーテレビの開発においては、当初、クロマトロン方式というカラーブラウン管に着手したが、製品として完成させる目途を立てられず断念した。しかし、この5年間の努力は無駄ではなく、その過程で得られた知見をもとに全く新しい方式のブラウン管（トリニトロンという商標を獲得）の開発に成功したのだ。まさに失敗からの幸運の発見、即ちセレンディピティの良い例である。

こうして1968年にトリニトロン方式のカラーテレビの販売にこぎつけ、ソニーを代表する商品が誕生したのである。この方式は、1ガン3ビームの電子銃（従来方式は3ガン3ビーム、3本の電子銃から電子ビームを出力する）や色選別機構、縦方向にゆがみのない円筒型画面（従来は球面型画面）などの独自技術により高画質化を実現した。他社がシャドーマスク方式のブラウン管を採用している中で、ソニーだけが独自の技術で大きくリードしたのだ。

これも、クロマトロン方式という当時のカラーテレビの常識を覆えそうと挑戦した結果といえる。ただし、常識の覆し方について学ぶ点が多い。クロマトロン方式という常識のブラウン管を研究し尽くした結果の矛盾に「気づき」、常識を疑問視、そこから、新たな方式の「ひらめき」がうまれ、トリニトロン方式の発明に繋がったのである。

（その３）パラダイムシフトの天才：松下幸之助

松下幸之助は、価格破壊の先駆者である（図 2.15)。彼の考え方は、「水道哲学」と言われているもので、「いわば水道の水のように、良い物を安くたくさんつくるということは、いつの時代でも大事なことである」というように、人間の欲望の根源ともいえる価格破壊でイノベーションを巻き起こすというものだ。

ここで重要なことは、一見簡単そうに見える“良い物”を“安く”“たくさんつくる”ということである。このことが破天荒なのである。常識では、良い物は高くて当たり前であり手間がかかり数も作れない。良い物であってもたくさんつくって安くすると“普通の物”になってしまう。それでも水のように生命に欠かせないような良い物とは何なのか、という本質的な問いかけである。また、たくさんつくるとは、手間のかかる物を誰でも作れるようにし、しかも歩留まりが良い、品質が安定していることを意味するのである。

結局“良い物”を“安く”“たくさんつくる”とは、技術の本質であり、多くの「気づき」や「ひらめき」を促す。そして、パラダイムシフトの条件であり、イノベーション事例に共通する前提なのである。

図 2.15　松下幸之助

ワイガヤを理解し、みんなでイノベーション

ワイガヤは、これまで書籍をはじめ数多くの文献で取り上げられてきた。したがって、その概要こそよく知られるようになったものの、いざ実際に実践しようとしたときに戸惑ってしまうことがあるのではないだろうか。「ワイガヤは、何をどうすればよいのか掴みどころがない」というのが読者の率直な印象ではないだろうか。本章では、集団創造手法であるワイガヤを深く理解するために、ワイガヤの基本的な考え方や方法、またそれに込められた本質を紹介していきたい。

3-1 ワイガヤの目的・目標とはどんなものか

ワイガヤの目的は、個々の様々な考えを平均化して丸く当たり障りなくまとめることにあるのではない。科学的に正しい論理による「1＋1＝2」ではなく、「1＋1＝3以上」の結果を出すことである。「2」と「3以上」の違いは、個人では気づき得なかった、集団による「気づき」と「ひらめき」を得ることによってもたらされる差だ。これにより、期待を超えた心から納得のいく結果を得ることができる。

例えば、ワイガヤが生まれたホンダでは、実際にどうであったであろうか。

ホンダには、組織の垣根を越えて、それぞれの経験や知識や想いを言いたい放題言わせる議論を大切にする文化がある。議論が始まるやいなや、たちまち白熱した本音の「場」ができ上がり、当たり前の常識的な考えは削ぎ落とされ、議論はより本質に遡及していく。これにより、今までとは異なる非凡な世界観が醸成される。

この非凡な世界観ができあがってくると、長い間、培ってきた既成概念や固定観念の殻（自分の殻）が薄くなり、メンバー個々の思考に柔軟性が生まれる。ここで誰かのひと言に敏感に反応・共鳴し、今までと異なる視点の「気づき」が生まれる（図3.1）。つまり殻が消滅したことにより視界が大きく開け、今まで気にも留めていなかったモノ・コトに「気づく」のである。そしてこの気づきにより、さらに新しい世界観が広がり、「ひらめき」が生まれる。

これが長い間、探していた解が見つかった瞬間、つまり「ひらめき」が生まれた瞬間であり、参加者が感動すら覚えるほどである。それは、あたかも過飽和状態の溶液が入ったビーカーに刺激を与えて一気に結晶を析出させたときのような様である。不思議なことに、この「ひらめき」は、一瞬かつ同時にメンバーそれぞれの頭の中に「組立てられる」のである。

このようにして、集団の力でなければ見出せない「本質的な課題や価値」「思いもよらぬ解」が炙り出されてくる場を創り出すのがワイガヤの目的である。

図 3.1 ワイガヤと「ひらめき」

この「ワイワイガヤガヤ」とみんなで議論し、一体感を醸成する形態で価値や解を炙り出してゆく創出活動を「ワイガヤ」と称し、みんなで画期的な製品を世に送り出しイノベーションを巻き起こしたのである。

それでは、このワイガヤは一体どのようにして行われるのか。その概要と誕生の歴史、実際どのような場面でどのように実施されたのか、またそのときのポイントなどを紹介する。

ワイガヤの議論の仕方

「ワイガヤ」は、みんなで個人個人の体験や能力を最大限活かし、みんなの思いをモノやコトとして具現化することにより、価値観をパラダイムシフトさせるイノベーション活動である。個々人の経験や能力をみんなで平均化して、丸く穏便に収める会議や単なる報告の場ではない。

価値観をパラダイムシフトさせるような新しいモノやコトを創造するときや、新しいモノやコトの開発中に遭遇した課題やその解に行き詰ったときに必要なスタッフが集められる。この時に、様々な視点からその必然性や関連性などについて、根本、原理原則に立ち返って本質的な議論がなされることによって、「新しい次元の思考」に辿り着く活動といえる。

それでは実際にどのように議論するのか、代表な実施方法（図3.2）を紹介する。いずれもの方法も、

①一体感を醸成する

②思考の連続性を重視する

ことを狙い、参加人数の規模、進め方が工夫されている。

図3.2　ワイガヤの実施風景

（1）披露宴風ワイガヤ

披露宴風は、結婚式の披露宴のように、5、6人の丸テーブルを10個ぐらい並べて50人位の規模、またはそれ以上の規模で行う「ワイガヤ」である。5、6人規模のグループを1ユニットとして構成することにより、会話が弾み盛り上がりやすい雰囲気になる利点があるのみならず、グループを代表しての提案もしやすい雰囲気ができあがる。結婚式の披露宴が、なぜこういう形式で行われるのかを考えれば容易に推察できる。

1ユニット毎のグループの共感がグループ全体の共感を促し、全体の納得へ波及する。ポイントは、個人個人の想いが躊躇することなく俎上に載せられることである。“士は己を知る者のために死す”、の格言の通りである。

目的に応じて、一泊二日を2、3回位、または1日で終わる場合もある。

(2) 会議風ワイガヤ

会議風は、長いテーブルを10人から20人位で囲んで行う「ワイガヤ」である。アイデア出しを行うときに、メンバーのそれぞれが、とにかく様々なアイデアを出す。それをまた聞きながら、そのアイデアをみんなで膨らませてゆく。たとえば、「それだったらこういう案もある」「こうすれば、新たな効果も生まれるのでは」という具合に、こういう議論を繰り返していく。ポイントは発展的に広げてゆくことだ。

そうすると次第に、視野が広がり、自分の殻である固定観念や既成概念が薄れゆき、今までと異なる視点に気づき、そこから「ひらめき」、アイデアがうまれる。

誰かのちょっとした小さな思いつきを雪だるま式にみんなで転がして大きくしてアイデアに育てていくので、メンバーの共感、納得を得やすい。納得が得られれば、実現したいという欲求の醸成にも繋がる（図3.3)。

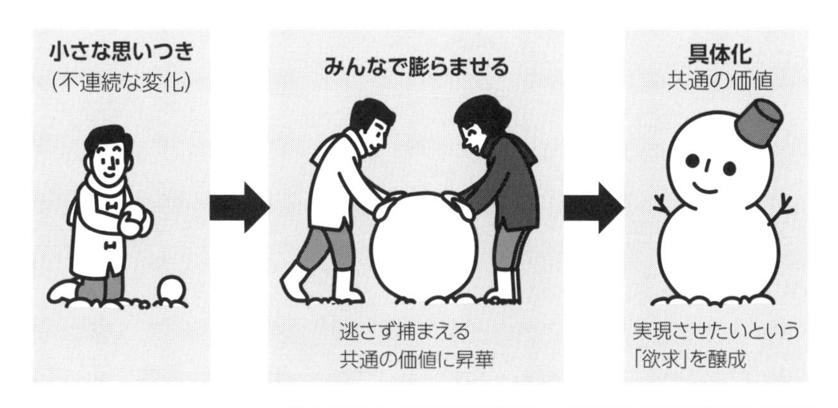

図3.3　会議風ワイガヤにおけるアイデア創出のイメージ

(3) 寺子屋風ワイガヤ

寺子屋風は、難問や、のっぴきならない課題が発覚したときに行う「ワイガヤ」である。旅館の一部屋を借り切って、パソコンや対象とする物などを現場に持ち込んで、現物を手に取り眺めながら仮説を立てては、その仮説を現物で検証する、そして検証結果が納得できるまで仮説の導出と検証を繰り返す。

気心を許し合い、自分と他人が一体と思えるくらいまで親密になる「自他非分離」の状態になるまで徹底的に議論をする。そうすると、固定観念や既成概念が取り払われ「本質的な課題」や「思いもよらぬ解」が炙り出されてゆく。これらは今まで考えが及ばない領域に存在するものである。

この「ワイガヤ」形式は、問題解決できるまで、三日三晩、一週間でも行うことがある。それは、検討の視点の抜け漏れを徹底的に排除することが求められるからだ。多種、多様、多方面の議論が必要であり、どんな些細なことでも見逃さずに議論の俎上に載せる必要がある。特に思考の連続性を重視する。ときには、外部と遮断することはもちろんのこと、日常生活を共にすることも必要であり、そこから「山籠もり」と言われたりもする。

(4) ワイガヤには「熱中者」「月ロケット」「タヌキ」が必要である

ワイガヤを進めるに当たっては、コツがある。それは、熱中者、月ロケット、タヌキという少なくとも３タイプの人間構成が必要だということである(図 3.4)。そして、これらの異質な個性が集まって共通の目的、共通の目標、あるいは技術課題の解決策を見出そうと真剣にぶつかり合う場所に創出の場が作られていくのである。

熱中者は、プロジェクトリーダであり、プロジェクトを推進し成功に導く役割を担う。人一倍強い熱意をもって行動力と集中力を示し、情熱的に振る舞うバイタリティに富む人である。

月ロケットは、専門家、博士みたいな人で、論理的な思考と常識を尊重する固定観念の塊のような思考をもち、ち密な計算と冷静な判断力でチームを支える。

ワイガヤで重要な役割を果たすのがタヌキである。行き詰まった場面で、ある種の騙しや方便を使って、創造の場を転換し議論の安易な収束を避けるよう後押しをしたり、小さなアイデアを膨らませて「気づき」を促したり、そこから生まれた「ひらめき」を逃さず捉えて困難を乗り切る役割を演じる。とかく諦めにより破たんしがちな創出の場に、癒しと救いを与えてドラマの進行を助ける。一般的には、課長とか部長であり、困難に遭遇して克服した

図 3.4　熱中者、月ロケット、タヌキ

経験のある人である。

なぜ、これらの役回りが必要なのであろうか。後でも述べるが、ワイガヤでは熱中者と月ロケットとの真剣で激しい議論（ぶつかり合い）は必須であり、その議論を如何に活性化しながら、意見を融合するかが重要なポイントとなる。議論の状況に応じて、月ロケットは熱中者にもなれるし、その逆も然りである。参加者が代わる代わり役回りを変えながら、厳しい議論を展開することがポイントであり、タヌキはその議論をファシリテーションするのである。

3-3 ワイガヤの進め方

イノベーションとは、新しい不連続な価値観（パラダイムシフト）を生み出すことにより劇的な普及を巻き起こすことである。製品開発を例にして考えた場合、構想計画、課題計画、実施計画に沿って作られた開発目的、開発目的を具現化するそれぞれの目標、指令群、実施要領などが、みんなで考え尽くされ、その結果実行されたときにイノベーションが起こるのである。

製品開発の例では、まず、構想、課題、実施計画を練る人たちがいる。そしてその計画を具現化する発明者がいて、発明を完成させるには、アイデアを具現化するために試作する者、試作品が目標通りにできているかどうかを実験にて確認する者、また研究の管理を行う者、特許を権利化する者などが発明の完成に向けて、即ち製品化に取り組む。

発明が製品化され、権利化されると、次は商品として仕上げるために、製品を顧客ニーズに適合させる設計を行う者、適正な価格に収まるようにコストを設計･管理する者、そして量産にあたっては、生産設備設計者、組立者、品質管理者、販売にあたっては、訴求活動を推進する広報担当者、販売者、メンテナンス技術者などのように多くのスタッフが一丸で取り組んで、初めてパラダイムシフトを起こすような価値観を提供できるのである。一つでも怠れば、その部分で価値観が低減するのである。

計画から発明、製品化、そして商品化までのプロセスをみんなで考え築くことこそイノベーションの第一歩なのである。

(1) ワイガヤの不文律

「ワイガヤ」には様々なスタイルがあり、1泊2日から2泊3日程度、長いときは、これを定期的に3か月、あるいは1年以上、実施することもある。「ワイガヤ」の実施に当たっては、暗黙の約束のような不文律が多くある。それは、自由闊達、皆平等、アイデアだけでなく意見も尊重、とにかくワイワイガヤガヤ、盛り上げることが前提であり、雰囲気作りも大切である。暗い人も明るい雰囲気に飲み込まれ盛り上げなくてはいけない。意見や批判も大歓迎。嫌なことでも一応尊重して聞く、もちろん白熱すれば、徹底的に議論を戦わせる。

絶対にやってはいけないのが、上司の上から目線の押し付け・結論ありきの決めつけ議論、あるいは上司の顔色をうかがったり、何も考えずに人の意見に同調したりすることである。とかくサラリーマンは、上下関係で仕事をしたがる癖があるので注意を要する。上司や先輩は、それを如何にして取り払うか、ということにも神経を使うところだ。役職で呼ばずに、さん付け、ちゃん付け、ニックネーム付けなんていうのは当たり前の配慮だ。

どうせ駄目だと思っても、明らかに間違えていると思っても、「思い」や「こだわり」があれば言ってみることであり、聞き手もその勇気を讃える位の度量の大きさを持つことは大切なことである。

(2) 思考共通とセレンディピティ

「ワイガヤ」は、みんなで得意な部分を見せ合ったり、覗き込んだりして、広範囲かつ具体的に認知しながら思考を深め、「解」を探してゆく。そのときに浮かんだ「小さな思いつき」を逃さず捕まえて膨らませてゆくと、「欲」が生まれ「欲求」になり、さらに膨らんで「強い欲求」に変ってゆく。その過程において、今まで長い間かけて培ってきた「既成概念」や「固定観念」が薄れ、徐々に「自分の殻」のようなものが消え思考範囲が広がり、併せて可能性も広がってゆくことに気づく。即ち、「既成概念」や「固定観念」が、自分の殻、言わば「べからず集」のようなものを形成して思考範囲を限定しているのである。

ここまで辿りつくと、「解」がぼんやり見えてきて、ちょっとしたきかっけ（誰かの一言や偶然の出来事）で、「気づき」、そこから「ひらめき」が生まれる。それは、まるで飽和状態の溶液が入ったビーカーを外から叩くと突然、結晶が析出するかのようである。みんなの共通した「欲求」が醸成できれば、目的、目標の解釈が共通化され全員のベクトルを揃えることができる。この共通の「欲求」を醸成するための思考を形成することを「思考共通」という（図 3.5)。

思考共通を自動車の車輪にたとえると、次のようになる。

車輪 (思考) は、それぞれは一つになることはない。しかし、共通の方向 (欲求から目的、目標に向かう方向) に向かって別々の動き（働き）をしている。

図 3.5 思考共通のイメージ

もう１つ重要なことは、「セレンディピティ」、即ち「新しいところ（間違いや非常識）に目を向けて幸運の発見を得ること」である。別の言い方をすると、「観察力」と「発想力」を養うことであるともいえる。今までの常識や理論の枠を超え、新しい（異なる）ところに目を向ける、これがセレンディピティの第一歩である。そもそも「新しいモノやコトが創造できない理由」や「今まで解決できなかった課題」というのは、既成概念や固定観念の中の狭い範囲で思考していたからであり、求める解はその外側にある。間違いや非常識と思われていた物事であっても、分かれば正しいことと常識に変わるのである。先入観を捨てて、気づいた偶然を素直に受け入れ解析する能力（観察力）とそこから仮説を立てて洞察（洞察力）し、具現化する技術力と不屈の精神でやり貫く根性（発想力）が必要である。何事も心構え次第である。この心構えを養うのが「ワイガヤ」なのである。

大発見だけではなく、一般の課題解決のときでも、今まで解決できなかった課題は、既成概念や固定観念の中から離れることによって解決できる。第２章で紹介した、ホンダでのCVCCエンジンの開発例も、それに該当する。特に重要なことは、以下の三項目である。

・課題解決に向けて辛抱強く取り組んだこと（熱意：強い欲求）
・予期せぬ偶然に気づき、発見を見逃さなかったこと（観察力：現場、現物、現実の３現主義の励行）
・具現化できたこと（技術力：豊かな発想）

「ワイガヤ」の原動力は欲求である。みんなでそれぞれの思いを語り、理想を語り、現実とのギャップを議論することで、みんなに共通する欲求に昇華させることが重要だ。みんなの共通した「欲求」が醸成できれば、「目的、目標の解釈」が共通化され全員のベクトルを揃えることができる。この共通の「欲求」を醸成するための思考を形成し、この形成された思考のもとで目的を共有することを「思考共通」という。これができるかどうかが「ワイガヤ」の成功の鍵を握る。特に重要なことは、文語上の一変通りの目的や目標ではなく、その解釈だ。自分の欲求になって、初めて思考共通と言えるので、自部門で熱い行動と心に染み入る熱弁が揮えるのだ。

(3) 思考のものさしは「3現主義」

「ワイガヤ」では現場・現物・現実の頭文字をとった3現主義に立脚してモノ・コトを決めてゆく。つまり思考の原点は3現主義にある（図3.6）。

「現場」というのは事象が起こっているその場所の事実情報に基づいて判断するということであり、その問題の起こっている現場で検討される。現場から離れた快適なオフィスで、ああだろう、こうに違いない的な推論や憶測による議論は禁物である。

「現物」というのは、実際の物を手に取って、見て、触って、得た事実情報に基づいて考察し論理を展開するということである。机上の空論や知ったかぶりによる誤った判断を避ける意味で重要である。図面を使って、現物と対峙しながら、ときに手を油まみれにして現物を直視することも、開発を進めていく上で必要なのである。

「現実」というのは、実際の現象や事実に基づいて考察し議論することと、理想を追い求めすぎて現実とかけ離れていないか、顧客の求めているモノやコトとかけ離れていないかという観点からモノ・コトを決定するということである。実際の現象や事象を直視し、事実を眺めることや、自ら計測して集めたデータで判断すること、そして、絵に描いた餅ではなくて具現化することへの努力を怠らないことへの戒めである。

3現主義を貫くことにより、会社の都合や上司・部下の力関係、個人の属性や思い込み・経験、因習などから解放され、事実情報のみが判断材料にされる「思考のものさし」といえる。観察力や洞察力、発想力が養われる。経験者にとっては、厳しいものさしとなることもある。

図3.6　3現主義のイメージ

タヌキ、熱中者、月ロケットの役回りのポイント

ワイガヤを進めるにあたっては、タヌキ、熱中者、月ロケットのそれぞれが異なった役回りが重要であることを述べた。ここでは、もう少し、それらの役回りのポイントを詳しく説明し、ワイガヤについて理解を深めよう。

(1) タヌキの役回り

タヌキは、落語で言うご隠居役を演じながらワイガヤのファシリテータを務める。例えば自動車の開発でいうと、エンジン、車体、シャシ、電装などの専門家の全員に参加を呼びかけて研究開発ドラマの進行役をファシリテータのように演じたり、進行中であっても、ときにはご隠居役を演じたりする。童話に出てくるキツネ程ずる賢くならずに、あたかもタヌキのようにだます、という訳ではないが、知らないことでも状況により当事者たちと異なる角度から眺めて発言し、熱中者や月ロケットの気がつかない所に目を向けさせ、その気にさせる人柄をもっている。

最初に行わなくてはいけないことは、トップから与えられた目的の翻訳である。このトップから与えられた目的を自分たちで実行可能な目的、即ち開発目的に変えることである。こうすることにより、開発目的をみんなで共有でき、初めて実行可能となるのである。

サラリーマンは上下関係で仕事をしようとするので、役職で呼ばずに、「さん」で呼び合ったり「ニックネーム」で呼び合うあえるような施策、雰囲気をつくり、肩書で意見が左右されたり議論が委縮しないように注意を払うこともタヌキの役割である。とにかく、全員が平等意識をもって自由闊達に議論できる場を作ることである。日常と雰囲気を変えて温泉に宿泊したり、旅館やホテルの会議室を利用したりすることも、一種の騙しのようであるがその気にさせるには、とても有効である。より強固な自他非分離の状態をつくるためにも、良い場所、良い宿、良い食事、良い温泉、良い宴会を準備することが重要なのである。

また、個性の強い、癖のある人たちが集められているので、言いたい放題、話のまとまりもつかず発散傾向になりがちになり、欲求が強くなって言い過ぎとも思える状況ができあがってゆく。そんなときこそ今迄の他人事が自分のことのように意識が変化するチャンスである。議論の経過を見守り、巧みに「会社のフィロソフィー」や「創業者の言葉」、あるいは「自分の体験から得た哲学」などを多用し、議論の本質に目が向けられるように思考を揃えてゆくことが重要である。

自分たちで実行可能な開発目的が共有され開発目標ができあがると、設計解を探索する段階に入るが、その際には現在の集団が有しているみんなの知識が足がかりとなる。みんなの知識の中から開発目標に最も近い知識を議論の中から探し出し設計解を見出そうとする。しかし議論が設計解に収束してくると、開発目標、あるいは開発目的からずれていても、そのことに気がつかないものである。たとえば、環境対応CVCCエンジンの開発事例で、化学燃料を使わないエンジンの開発を開発目的に選び、開発目標を排ガス中の有害成分を1/10に設定することも可能である。これは、一見良さそうな道筋の選択であるが、よく考えてみると化学燃料を使わないエンジンができあがったとしても、新たな環境悪化要因を生む可能性もある。それよりも今あるレシプロエンジンを改良した方が確実に開発目的を達成できるし、既存の工場で製作できるのでメリットも多く、価格もそう高くならないことが予測できる。この本質的な技術的視点のない設計解探索に陥ることが多いのである。

タヌキは豊富な経験から技術の偏向を見抜き、顧客視点での再考をチームに示唆する。これにより、議論の安易な収束を避け、より本質的な設計解の探索を後押しする。

そして行き詰まった場面では、「会社のフィロソフィー」や「創業者の言葉」、あるいは「自分の体験から得た哲学」などを巧みに利用した、ある種の騙しや方便を使って創造の場を転換し、議論の安易な収束を避けるよう後押したり、小さなアイデアを膨らませて「気づき」を促し、そこから生まれた「ひらめき」を逃さず捉えて困難を乗り切る役割を演じる。

とかく諦めにより破たんしがちな創出の場に、癒しと救いを与えてドラマの進行を助ける。タヌキは愛嬌のある風貌と異なって決して諦めないのである。

(2) 熱中者の役回りと資質

熱中者は、プロジェクトリーダであり、イノベータである。自分でプロジェクトのテーマを提案したり、技術への憧れをもっていたりする。あるいは憧れの技術者像を抱いている人で、新しいモノ・コトに果敢に挑戦し、いかなる課題をものともせず、屈服しないで最後までやり抜く、強い熱意をもとに行動力と集中力を示し情熱的に振る舞うバイタリティに富む人である。タヌキの役割を演じることもある。それでもめげそうになると、タヌキと月ロケットが助ける。

(3) 月ロケットの役回りと資質

月ロケットは、一般的にはエンジニアのことで、その道の専門家、博士みたいな人をさす。論理的な思考と常識を尊重する固定観念の塊で、ち密な計算と冷静な判断力でチームを支える。

新しいモノ・コトには、自ら積極的に取り組むことはなく、分析的であり、どちらかというと課題を見つけるのが得意である。基本的には、3現主義で物事を考え行動する。

(4) エンジニアとイノベータとのぶつかり合い、融合による「ひらめき」

ワイガヤの特徴を端的に表現すると、イノベータ（熱中者）とエンジニア（月ロケット）とが激しくぶつかり合い、その後融合して「ひらめき」を得る場がワイガヤであると言える。イノベータが掲げた理想（目的）を現実に置き換えるときや課題を解決するときに遭遇する常識の壁に「気づき」、この壁を破る「ひらめき」が産まれるのである（図 3.7）。

図 3.7　熱中者と月ロケット

エンジニアは、イノベータの掲げる理想（目的）の具現化技術、あるいは新技術に対して、冷静かつ緻密に論理立てて課題を炙り出し「もう駄目だ、限界である」という「追い詰められた状況、状態」を作り上げてゆく。この状況、状態は、長年築き上げてきた既成概念や固定観念などの常識が作り上げた架空の自分の殻に立ち塞がれたことを意味する。このことに「気づき」、今まで見逃がしていた身近な現場・現実・現物の観察を促し、あるいは今まで気にもしなかった記憶を呼び起こし、そこから洞察して突破口である「ひらめき」を生起させるのである。

タヌキは、イノベータとエンジニアが真剣にぶつかり合い、その後融合するようにある種の騙しや方便を使ってファシリテーションするのである。

3-5 ワイガヤの議論はどのように成果を出していくか

言いたい放題ではじまるワイガヤも、いよいよ議論を価値あるのものへと煮詰めていくためには、ただ漫然と話し合っていればよいのではない。それにはワイガヤのルーツを知り、この手法が生まれた背景と込められた意図を理解することが有意義である。ホンダにおける「ワイガヤ」は、何を意図して実施され、何を得たのであろうか？　手法の本質を知るためにも、その歴史をひも解いてみよう。

（1）過渡期のチャレンジ

ホンダの創業者である本田宗一郎は、偉大な技術者であると同時に社長であった。より詳しくは、経営は副社長の藤沢武夫が担って、2人で両輪のごとく分業体制で運営される形態が採られていた。1948年に従業員30数名でスタートし、創業7年目には、日本一の生産量、世界第2位のオートバイメーカーまで成長した。オートバイ（2輪車）メーカとして急成長したホンダは、その勢いに乗って4輪事業への参入にチャレンジした。

しかし、いざ4輪に取り組むと、ホンダの開発は以前のようには思うようにいかなくなっていた。2輪車開発時には初代社長のアイデアで作れば大体ヒットしたのだが、4輪ではその眼力が効かないのである。そこで、4輪開発責任者（後の3代目社長；久米是志）が自らのアイデアで開発しなくてはならない状況になり、打開策として生み出されたのが、この「ワイガヤ」である（図3.8）。この時期は、エンジンの冷却方式が水冷か、空冷かと揺れ動いていた時期でもあり、最初に開発された軽自動車「T360」および「S500」のエンジンの冷却方式は手堅く水冷、次の軽自動車「N360」は空冷、そしてこれから開発するホンダ初の小型乗用車「H1300」を空冷に決めた頃である（図3.9）。つまりホンダの4輪車開発は、技術的にも過渡期の時代背景の中で進められたのである。なお現在では、自動車用エンジンは水冷が当たり前であることは、周知のとおりである。

図3.8　ホンダの創業者から3代目社長まで

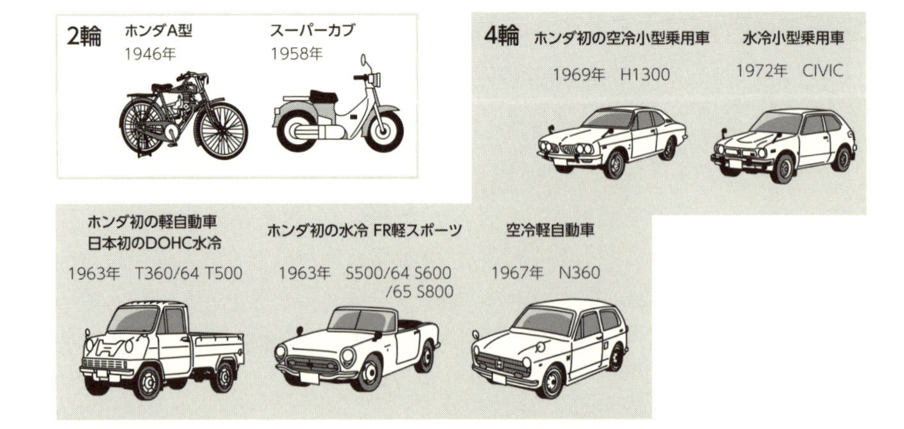

図3.9 ホンダ社4輪黎明期における開発車種

(2) 最高の技術で作られた最低の車：ワイガヤの誕生へ

画期的な小型乗用車を世に送り出したいという本田宗一郎の強い欲求のもと、2輪車メーカから4輪車事業へと最後発で進出したホンダ。「H1300」は、軽自動車である程度の実績を積んだ後、初めて手掛けた本格的な小型乗用車であった（図3.10）。

画期的であったのは、当時、クルマの前後方向、つまり縦に置くのが常識であったエンジンを横に載せ、空冷方式を試みたことである。当時、圧倒的出力を持つレース用空冷横置きエンジンを搭載したFF（Front-engine Front-drive）方式を採用したのである。エンジンを横に載せたので，エンジンルームをコンパクトに収容できることから、車室を広くとれ、しかもレース用エンジンなので、胸のすくような走りと、FF方式の効率の良さから燃費を両立させた。さらにFR車に搭載されていた後輪を駆動する装置が不要なことから、軽量で低価格を実現するという夢のような構想であった（図3.11）。

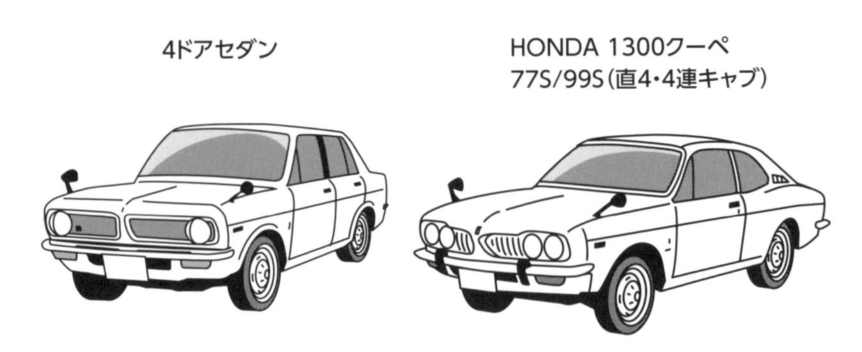

図3.10 ホンダ、車名：H1300　4ドアセダンとクーペ

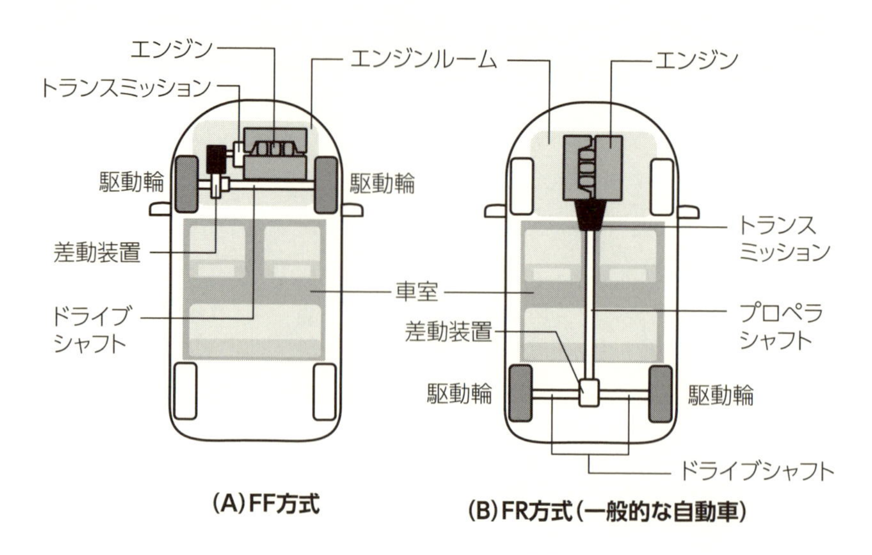

図 3.11　FF 方式と FR 方式の比較

これが当時、どのくらい高性能であったのかを示すのが、**表 3.1** である。100 馬力、最高速度 175km/h と、当時の一般的な自動車と比較しても圧倒的に優れていることが分かる。加速良し、燃費良し。装備も、当時の憧れの装備がすべて搭載されている。扁平タイヤ、4 輪独立懸架は、当時のクルマ好きからすれば、たまらなく魅力的なものであった。

しかし、1970 年発売当時の評価は、「最高の技術で作られた最低の車」という手厳しいものだった。個々の技術は良くても、自動車全体としてのバランスを問われたのである。

問題の根源は空冷エンジンにあった。空冷エンジンは、熱くなったエンジンを空気の流れで冷やす。効率よく放熱するためには、大きな表面積が必要になり、結果的にエンジンに重いフィンを取り付けることになってしまったのである。この重量大の影響は、エンジンのみに留まらず、エンジンを支える構造部品などの重量の増大にも波及した。そしてさらにこの増大分は前輪の負担増により操縦性にも悪影響を与え、曲がり難い車になっていた。

(3) 個人の力を超えた集団の力が必要であることがわかった

それでは、どうすれば良かったのか。H1300 開発時の反省がここにある。

機種		ブルーバード 1600	コロナマークⅡ 1600	コロテ 1500	ブルーバード 1300
性能	東京店頭渡し現金価格	707 千円	695	617	624
	最高馬力（PS）	92	85	77	72
	最高速度	155	150	145	145
	0 → 400m 加速	18.3	18.7	19.7	20.6
	燃費	18.5	17.5	18.0	18.5
	車総重量	930	985	940	920
性能価格	価格（円）	7,685	8,176	8,013	8,667
	スピード	2.19	2.16	2.35	2.32
高速走行安全装備	高速用扁平タイヤ	×	×	×	×
	四輪独立懸架	○	×	×	○
	ディスクブレーキ	○	○	オプション設定	×
	〃　サーボ付	○	○	×	×
	衝撃吸収ハンドル	○	○	×	オプション設定
	4速フロアシフト	○	○	○	オプション設定
	リクライニングシート	○	○	○	
オプションを装備した価格		―	―	637 千円	647

機種		HONDA1300 77	カローラハイデラックス 1100	カローラ 1100	サニー 1000
性能	東京店頭渡し現金価格	576	555	526.5	490
	最高馬力（PS）	100	64	60	56
	最高速度	175	145	140	135
	0 → 400m 加速	17.5	19.3	19.7	20.6
	燃費	19.0	22.0	22.0	23.0
	車総重量	885	750	735	645
性能価格	価格（円）	5,760	8,672	8,775	8,750
	スピード	3.04	2.61	2.66	2.76
高速走行安全装備	高速用扁平タイヤ	○	×	×	×
	四輪独立懸架	○	×	×	×
	ディスクブレーキ	○	○	オプション設定	×
	〃　サーボ付	○	×	×	×
	衝撃吸収ハンドル	○	○	オプション設定	×
	4速フロアシフト	○	○	○	○
	リクライニングシート	○	○	○	○
オプションを装備した価格		576	―	544.5	―

（各社 4 ドアデラックスとの比較、○印：標準装備車、×印：装備不能）

出典：社団法人自動車技術会 '69 自動車諸元表による

表 3.1 各車性能・装備・価格比較表

空冷主導の開発現場は、無理難題の課題の山となるが、解決のモチベーションが湧かず、技術の限界を克服できないという状態に陥った。そのとき、4輪開発責任者であった久米は、仮に本田宗一郎のような不世出のアイデアマンであっても、一人の人間がすべてを掌握して課題解決できる範囲には限界があるのではないか。トップダウンというやり方は、新しいモノやコトの開発には向いていないのではないかと考えた。

そして、次のような結論に至ったのである。

①いくら優秀であっても、一人の人間が考え、知り得ることには限界がある

②システムが大規模化し複雑になると、一人の人間が全てを把握し決めることは困難である

③たとえ凡人であっても、長い間には、一つぐらいこれは誰にも負けないというものが必ずあるはずで、それを持ち寄って、みんなで協力できれば、世界の最高の発明ができる

結局、2輪から4輪へとシステムが大規模になったときには、一人の人間に代わってみんなで考える、つまりトップダウンではなくて、集団から生まれた知恵によるボトムアップが必要であると考えた。

こうして、誕生したのが、「ワイガヤ」である。凡人の集団でも天才を凌ぐアウトプットを創出できる集団創造術として生まれたのである（図 3.12）。

図 3.12 集団創造術「ワイガヤ」

(4) 初めて試される「ワイガヤ」—起死回生をかけたシビックの開発

ホンダにとって初めてのワイガヤは、どのような状況で、どのように実施されたのだろうか。

それは起死回生をかけた次期小型乗用車「シビック」の開発の場で試されることになる。当時のホンダを取り巻く環境は、H1300の売れ行きが芳しくなかったばかりか、頼みの軽自動車の売れ行きも徐々に下降線を辿り、万が一、次の開発で失敗するようなことがあれば4輪車事業からの撤退もありえる状況であった。つまり失敗が許されない状況にまで追い詰められていたのである。

そんな状況を打破するために、起死回生の指示がトップから出された。その指示は、「軽卒業者の吸収」というものであり、企業の願望のみを規定した都合の良いものであった。軽自動車に乗っていた人が、小型自動車へ乗り替えようとしたときに、「こんなクルマが欲しかった」と思えるような自動車を開発してほしいということである。当たり前であるが、要は売れる車が欲しかった訳だ。しかし、このような目的で、再び新たな開発がスタートしたのである。

しかし、開発責任者である久米には、これでは仕事が転がせないという強い危機感があった。このままではそれぞれの専門技術者が各々バラバラに技術開発を進め、最後にまとまりのつかない開発になってしまう。「H1300の二の舞は御免だ」という想いがあった。

そこで、彼自身が今まで温めてきたワイガヤを使って「魅力あるコンセプト」と「このコンセプトを体現した心ときめく自動車」をみんなで作り上げようと決意した。そのためには、チームを一つにまとめることであり、お客様の目線で自動車を開発することを確認することが重要であった。

(5) どのように目的を共有し、思考共通を図ったのか？

開発の目的を地に着いたものにしなければ、開発自体がままならないものとなる。そこで、エンジン、車体、シャシ、電装などの専門家を集め、まず、開発目的の翻訳から始めることにした。

しかし、お互いに初めて会う人達が集められているので、初めてでも全員が平等な意識をもって自由闊達な議論ができるような配慮が必要であった。人見知りによる気後れのみならず、特に役職の上下関係による垣根を取り払う工夫をこらした。全員がチームリーダであることにしたり、役職で呼ばずに、さん付けやちゃん付け、もしくはニックネームで呼び合うようにしたりした。肩書で人の意見に左右されたり、出し惜しみをしたりする者が出ないように注意を払ったのである。

しかし、もともと個性の強い、癖のある人たちが集められているので、垣根さえ取り払えば、あっという間に自己主張が強くなり、言いたい放題となる。当然、話にまとまりがつかず議論は常に発散傾向とも思える状況ができあがってゆく。しかし、それでもいいから、最初はとにかくとことん議論が尽くされるまでワイガヤをやってみることにした。次第にお互いに対する欲求が強まり、久米いわく「馬鹿が集まって言いたい放題」というようにちょっと言い過ぎとも思える状況まで、やり抜いたようである。

これを続けていくうちに、だんだんメンバー同士気ごころが知れるようになり、時間の経過と共に相手の主張を素直に理解できるようになる。それまでは他人事と思えたことが自分のことのように意識が変化し思考が共通化されていく。共通化が進むと、自分の思考と他人の思考が分離できない状態、つまり自分の意見だったのか、他人の意見だったのか明確な区別ができない状態になる。これを「自他非分離の状態」という。

この状態ができあがってくると、目的自体が自分たちのものとして共有される。それまで業務指示で動いていたのが、自分の欲求として思考が働くようになる。これが思考共通であり、次に説明する「開発目的の翻訳」に必要不可欠なものである。

(6) みんなで共有した欲求の正しさを検証する－欲求定義分析

みんなの思考が共通化されると、次の段階として開発目的である「軽の卒業者」ってどのような人だろうという具合に開発目的の翻訳作業にみんなの意識が向けられる。

ところが翻訳作業はそう簡単なものではなかった。トップでさえ明確に定めることはできないのであるから当然である。理想論が出尽くすと議論は次第に混沌として閉ざされ、もはや身近なところに目を向けるしかなくなっていった。このとき初めて、軽の卒業者とは、正に自分達そのものであることに気づく。この「気づき」は、開発に携わる者みんなに「本当に自分たちが欲しいクルマを作りたい」という共通の欲求をもたらしたのである。

このように、みんなに共通する欲求を定義し、この定義された欲求が真の目標に合致しているかどうかを分析することを「欲求定義分析」という。こうした分析が議論の中でなされ、その結果がみんなの腹落ちするものであったとすれば、ワイガヤは大いに盛り上がり、開発目標が自分のものとして解釈されるのである。

従来は業務指示を満たしてさえいればよいというモチベーションであったが、欲求定義分析がなされると、自分の欲求として働くようになるので、業務指示の背後にある目的（本質）まで遡って思考することができるようになる。ここまで到達すると、仕事が面白くなるのである。

孫子は、“上下を同じくする者は勝つ（指揮官と末端の兵士の気持ちが一致している軍は勝利を得る）”と説いている。ワイガヤとは、まさにそのような状況をつくる手法である。

(7) 技術者視点から顧客視点へ思考の変化が起きる

メンバー同士、ますます本音が言えるようになると、議論はさらに熱を帯びる。曰く「エンジンの高出力化ばかりを追求して運転の面白さが不足している」「車が小さくても室内空間が窮屈なのは嫌だ」「タイヤの位置が分かるくらいの前方視界が欲しい」などと、それぞれが自身の欲求のまま勝手なことを言い合えるようになる。時として、顧客視点ではどれも当たり前のことではあるが、技術者視点では難しくてやりたくない耳の痛い内容もある。

このように技術者が、顧客視点に気づき、技術を離れて議論できるようになることが構想設計（構想計画）の第一歩であり、「本当に欲しいクルマを作りたい」というみんなに共通の欲求を満たそうとした結果なのである。

次に顧客視点で思考が共通化されると、一つの方向にベクトルが揃っていくようになる。それは「価格が安い車でも、ここに惚れ込んで使っている、というプライドを持てるものが欲しい」というような自分が欲しい車にベクトルが揃うということだ。他人の車だと「安いだけでよい」というように納得してしまうこともあるが、自分のことになると、安いだけでは満足できずに、さまざまな要件が発生する。

こうして、自分たちの解釈によるユーザ視点での開発目標が固まっていく。構想設計の段階では実現の可能性を云々するよりも、「どうありたいのか」という欲求を全員で把握することを優先させ、自分たちの欲しいクルマのイメージとして、目標を固めていったのである。

価格が安くて手ごろで、狭い車庫でも収まる小さなサイズではあるが、「室内は決して狭苦しくなく、運転することが楽しめてプライドの持てる車」。このような二律背反の目標は、ボトムアップ、すなわち自分達で発案したから実行可能なのである。トップダウンでは反対の嵐に遭って突破が難しいのである。

(8) 誰かのひと言が「気づき」の原点となる

目標実現に向けてどうやって具体化していったのか。前回のH1300の例では、エンジンが重くなり前輪荷重を押し上げ、馬力はあるが曲がりづらい車になってしまった。そういう意味では、今回も同様で、最大の課題はエンジンと動力伝達装置の重量にあり、いかに軽く作るかが成否を決めることになる。前回は「トップダウン」であったが、今回は「ボトムアップ」なので、自分たちの提案である。ここは、踏ん張って乗り切らなくてはいけない。このことが、前回とは決定的に異なるのである。

しかし、そう簡単に乗り切れる課題ではないことは誰でも分かっていた。前回とて手をこまねいていた訳ではなかったからである。

藁をもすがる雰囲気で議論が進む中、次のような言葉が心に留まった。「高速で回るエンジンなんかいらない」という批判ともとれる誰かの一言である。当時は、エンジンの高出力化、イコール高回転化が常識であった。だから、この一言は、逆転の発想ともとれる程、意外なもので刺激的であったに違いない。セレンディピティと言ってもいいものだ。この逆転の発想が、藁をもすがる雰囲気の中で、エンジン設計者に「気づき」を与えることになる。

それは、長年の高出力、高回転エンジンへのこだわりをきっぱりと捨ててみてはどうだろう。今までと違う発想をしてみよう、というものだ。この気づきから、常識的なエンジンよりも20%位小さく設計し、その後で、なんとか50%排気量を上げるという新設計手法を「ひらめく」ことになる。今までのエンジンの設計手法とは全く異なる発想であった。

解決の鍵となったのは、半ば無意識的に染みついていた「こうあるべきだ」式の固定観念や「常識」的な既成概念を取り払ったところにあった。

エンジン設計者が、柔軟な発想でここまで小型軽量化を進め、一種のパラダイムシフトを生み出すと、内装デザイナ、車体設計者、シャシ設計者たちの創造的思考も喚起され、それぞれの分野でも連鎖的に新しい技術に取り組んだのである。新フォルム、画期的な視界・利便性・操縦性などが生み出され、夢のようなクルマに仕上がったのである。

結局、目標実現へのこだわりは、「過去へのこだわり、常識（固定観念・既成概念）」を捨てることであった。

(9)「こんなクルマが欲しかった」の実現

そうしてでき上がったのが、「シビック(図3.13)」である。国内はもとより、世界の人々に愛される車ができあがったのである。当時の車は、エンジンルームにエンジンを縦に載せて後軸を駆動するために、トランスミッションとプロペラシャフトがキャビン中央の真ん中を通っているので狭い室内であった。しかしシビックは、トランクを後方にコンパクトに納めて、エンジンルームとキャビンの2BOXに集約し、室内の前席足元をフラットフロアにして広くとった。また、ホイールベースを短くしてハンドリング性能を向上させ、小回りも効く車両へと仕上げたのである。

結局、開発者が情熱（欲求）をもって自分たちの発案した車を作ると、1＋1＝3以上の車ができるという証である。

	シビック　1972	二代目カローラ　1970
エンジン	1.2L/1.5L 直 4 SOHC	1.2L/1.4L/1.6L 直 4 SOHC
ボディタイプ	2/4 ドア 2 ボックスセダン 3/5 ドアハッチバック 5 ドアバン	2/4 ドアセダン 2 ドア クーペ 3/5 ドア バン
駆動方式	FF 横置き	FF 縦置き
サスペンション	前・後輪 ストラット	前：ストラット 後輪：リーフリジット
ブレーキ	４輪ディスク	４輪ドラム
全長 × 全幅 × 全高	3,405-3,695×1,505×1,325mm	3,995×1,505×1,375mm
ホイールベース	2205-2280mm	2,335mm

図 3.13　車名：シビックと当時の代表的なクルマとの比較

これまで、ホンダで産まれたワイガヤの実施ポイントを誕生の歴史を踏まえて見てきた。ワイガヤは特徴的ではあるが、特別なものではないような気がする。ワイガヤができるのはホンダだけではなく、他の事例でも集団創造手法の実践は試みられているとも考えられる。そこで、ワイガヤの可能性を理解するために、ホンダ以外での集団創造手法の実践についても紹介することにする。

3-6 様々なワイガヤの形態（その１）：ディズニーのワイガヤ

「ワイガヤ」のような集団による創造活動は、世界の様々なところで見て取ることができる。ここでは、ウォルト・ディズニー・アニメーション・スタジオでの映画制作で見られる集団創造に触れ、どのような活動で魅力ある映画が制作されているのかを見てみる。

現在のディズニーのアニメーション映画の製作手法の中に、シナリオやシーンを監督やスタッフが集まり、集団検討した創造手法を行っていることをNHK番組「魔法の映画はこうして生まれる」で知ることができた。2000年半ば、ディズニーはアニメーション映画創りからの撤退を考えるほどの深刻な事態を迎えていた。アニメーション部門のCG化への転換がうまくできず、映画創りは経営陣主導で、映画制作の現場は活力を失いかけており、アニメーション部門の閉鎖の声が出るほどであった。このような時、2006年に、ピクサーから番組に登場するラセター氏をディズニーへ招聘する話があった。ディズニーのアニメーション部門の統括責任者としてである。ラセター氏は、ピクサーで培ったアニメーション制作のやり方をディズニーへ持ち込んだ。番組は、ディズニーがラセター氏の映画創りのやり方を導入してから、アニメーション事業が息を吹き返したことを紹介する内容であった。

映画のシナリオを再検討する際に見られた、個人の考えを出しながらグループで検討協議を進める彼らの創造手法は、本書の著者らが見る限りにおいて、ほぼワイガヤと同じ手法といってもよいやり方が示されていた。"集団で考える共創作業"としてディズニーの映画創りに定着していることが確認された。また、シナリオを再検討する際には、いわゆる日本の「スリアワセ」のやり方と同じような方法で行われていたことも驚きであった。

以降、ディズニーでのアニメーションの制作手法の紹介を通じて、集団創造手法のアレンジの一例を理解し、ワイガヤの本質を再確認したい。ディズニーでの創造手法を理解しやすいように、基本的な用語についてはNHKの番組内で用いられていた言葉を用いる。

(1) ミーティング手法

プロデューサのラセター氏は、プロジェクトを牽引するリーダであり、進行役でもある。エキスパートを上手く絡み合わせながら、映画作りというプロジェクトを進めている。このような進め方は、"集団で考える共創作業"であり、日本独特の文化と思われていたグループ検討協議さながらである。しかし、この創造手法は、すでにディズニーの映画創りに定着しているように見えた。映画制作におけるシナリオを整合させるという"スリアワセ"作業ではなく、映画創りの本質である楽しみ、面白みを醸成するための"ひらめきを具現化する活動"とみることができる。

ホンダでは、「山篭り」と称し通常の仕事場とは別の場所にスタッフらを拘束して、議論に集中できるように工夫されたミーティングがある。番組では、そのミーティングと同じような機能を持った集会が紹介されていた。ディズニーでは、「ノートセッション」と呼ばれている。

ノートセッションは、制作中の映画の監督、脚本家、スタッフだけでなく、前回作、次回作の監督、脚本家、スタッフを交え、現状の課題をシナリオだけでなく、次の映画の内容も含めて炙り出し、本質的な解決策に繋がるアイデアを絞り出す集会である。

ノートセッションの様子を紹介している映像では、プロデューサのラセター氏が「何かテーマが決まったり、決まりそうなときこそ別のアイデアが見えてくるものだ。だから、みんなにアイデアを求めたいんだ」と呼びかけているシーンがあった。組織間の垣根を越えて人と人との交流をつくり、一体感を醸成し活性化することにより、映画製作を通じてみんなでパラダイムシフトを創作しようとしているシーンである。

（2）ミーティングでの登場人物

ホンダのワイガヤでいう「タヌキ」「熱中者」「月ロケット」と同様の役回りの人物が、ディズニーの集団創造手法にも存在したのは驚きであった。NHKの番組の映像情報からだけであるが、ラセター氏が「タヌキ」になり、これにプロジェクトリーダ、エキスパートが上手く絡み合いながら、映画作りのプロジェクトを進めていたのである。ラセター氏曰く、

「私は現場のトップですが命令してやらせようと思ったことはありません。私の意見が話し合いの出発点になり、協力体制ができ、みんなのアイデアの土台となればいいなと考えています」

これがまさしくワイガヤでいうところの「タヌキ」の役割である。

（3）会議室の固定

活性化した議論を次の日以降も継続させるため、会議室を固定することがある。それにより、継続的に資料等が掲示され、確認や修正を加えることができるようになるが、ディズニーも同様な目的で部屋を固定している。シナリオの検討や製作のために、スタッフが集まり自由闊達に議論し、最高のも

のを作り上げる環境が「ストーリールーム」として提供されている。議論が白熱したときにはいつでも集まることができ、意思決定の道筋を明確化することにより、共通の思考を育み、システムとしてのシナリオの構成要素の塩梅加減が調整される。

(4) 試写会での状況のチェックとその共有

車開発では、開発状況チェックとその共有が必要であるが、これを、主にテストコースで試作車等に試乗し、実施する。これにより、開発の進捗状況のチェックや課題の共有化が可能となる（図3.14）。同様に、ディズニーの映画のシナリオの「進捗状況のチェックとその共有」は、担当者全員による試写会がその役割となり、映画製作の途中段階に頻繁に行われ、集団での見直しを行う。

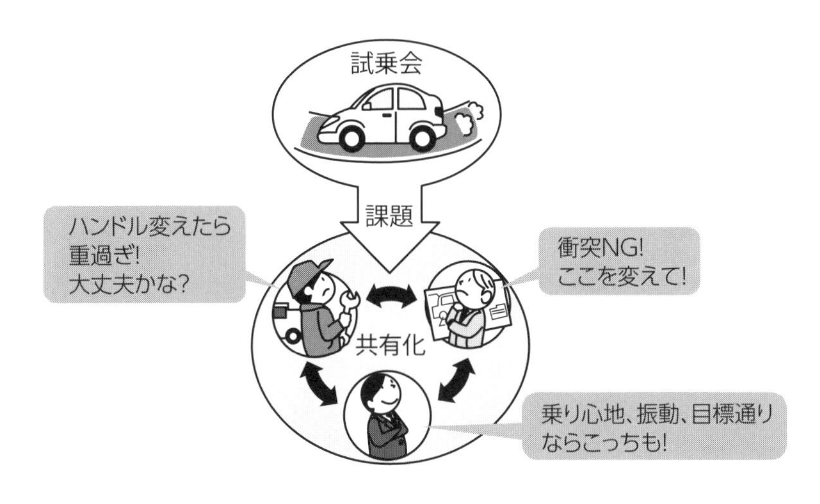

図3.14 実車試乗

(5) 行き詰まりの打破

実際に開発を続けていくと、必ず議論が進まなくなったり、考えがまとまらなくなったりという限界に達する。こうした限界を大切にし、リフレッシュさせるためには、場を変え、環境を変えるアクションが重要となる。NHKのこの番組でも、リゾート地に赴いてノートセッションを開催し、場を変え環境を変えることでリフレッシュさせ、新たなアイデアを生起させる試みが紹介されていた。行き詰まって議論が進まなくなったり、考えがまとまらなくなったりして限界に突き当たったときこそ、既成概念、固定観念の壁の淵まできているので、壁を破る絶好のチャンスである。視点を変えて新しい「気づき」や「発見」(セレンディピティ)を得るきっかけを得るためにリフレッシュして壁を破る議論に集中するのである。

(参考:魔法の映画はこうして生まれる/ジョン・ラセターとディズニー・アニメーション、ディズニー公式、http://www.disney.co.jp/studio/liveaction/1304.html)

3-7 様々なワイガヤの形態(その2):デザイン思考—IDEO

ディズニーでの映画制作では、ワイガヤのような集会の仕方、役回りなどが確認され、集団創造活動の共通的なスタイルの存在を確認できた。続いては、「デザイン思考:Design Thinking」の集団創造活動を紹介する。

デザイン思考は、集団による、つまり集合知を利用した創造活動として世界中で注目を集めている創造手法である。デザイン思考の方法論についての詳細部分は後ほど紹介するが、本節では、デザイン思考の概要と集団創造手法としての特徴を紹介する。

(1) デザイン思考の登場

デザイン思考は、米シリコンバレーに本社を置くデザインコンサルのIDEO(アイディオ)が始め、提唱、普及させている手法であり、全ての人々が創造性を解き放てる世界を目指している。日本ではIDEO Tokyoが2011年にオープンし、年間100社を超える企業がIDEO Tokyoの門を叩き、自社での創造活動に対してデザイン思考の導入を盛んに試みている。

デザイン思考は、優秀なデザイナやクリエイティブな経営者の思考法をまねることで、新しい発想を生み出そうとする手法であり、新しい商品やサービスの創造を狙う際に効果的に機能する手法として定評がある。ソニーや日立製作所など国内の大手企業は、ビジネスに活用すればイノベーションを起こせるのでは、と大いに期待し注目している。

今までのやり方では､主に技術やマーケットの動向から､新しい商品やサービスを考えるケースが多く、従来の延長線上の発想しか出てこないという限界が存在し、新しい発想を生み出すことに各社が限界を感じている。このような中で、優秀なデザイナ達の思考法が注目された。「既存の延長ではなく、新しい問題を発見してゼロベースから発想するのにデザイン思考は向いている（一般社団法人デザイン思考研究所の柏野尊徳・代表理事所長）」と評価されるように、今までとは異なる新しい発想につながる可能性が高く、期待される手法である。

（2）デザイン思考の特徴

優秀なデザイナなど限られた人々にしか実行できないと思われていた手法を分析し、優秀なデザイナの思考法にできるだけ近づくために、デザイナの思考形態を分析し、手法として整理することにより、プロセス化した方法論が提案された。この方法論がデザイン思考の方法論であり、米スタンフォード大学の通称「d.school 」が提供している方法論である。

基本的な考え方は、優秀なデザイナになることは難しいが、思考法をまねることはできるのである。この方法論を基に、世界中の大学やコンサルタントが、独自のデザイン思考の手法を提案し広めている。東京大学 i.school の横田幸信ディレクターは、「現実のビジネスに結び付けるためには、人間中心だけでなく、技術の視点も組み合わせる必要がある」と指摘している。デザイン思考によって成功事例を出した多くの日本企業も、デザイン思考の方法論を学び、自社に合わせた形態で採用している。

（3）デザイン思考の方法論

デザイン思考の方法論は、ユーザの状況を始めに理解するため、現場の動きを詳細に観察する「フィールド観察」を行ったり、インタビューを実施したりすることが起点となっている。観察やインタビューによって分かった事実を集約し、それらの事実をベースに集団（グループ）で議論することで多くの意見を出し発散させ、その後は意見を収束させて、課題を浮き彫りにしていく。こうした「議論の発散」や「議論の収束」は、デザイン思考の中核的な特徴であり、様々な場面で登場する。

デザイン思考は個人ベースで行うのではなく、グループワークとして実行する。ブレインストーミングの手法などを利用して、課題の解決に向けてアイデアを出していく。まさに集合知の活用である。アイデアから解決策をまとめ、プロトタイプを作成する。最初は紙でもいいからすぐに試作品を作り、イメージを確認することが重要である。ユーザにプロトタイプを見せるなどしてプロトタイプで検証し、不具合があれば再度プロトタイプを作ったり、解決策を検討したりする。こうしたサイクルを何度も繰り返すことで、徐々に完成へと近づける。

3-8 様々なワイガヤの形態（その3）：欧州宇宙機関（ESA）の事例

欧州宇宙機関（ESA）は、主に欧州各国共同による国際的な宇宙開発機関である。日本のJAXAに相当し、欧州の宇宙開発に関わるミッションを総括して実施している。少し古い話となるが、計算機のシミュレーションによるシステム設計の技術レベルが高まってきたことに乗じて、1998年、ESAは人工衛星などの宇宙機の新たなミッション創造のためにCDF（Concurrent Design Facility）と呼ばれる設備を開発した。

CDFには、様々な解析ツール・環境が整備されており、それらの解析ツールを利用するエンジニアを一同に集めて意思決定を行う点に特徴がある。ESAの説明では、メンバーを散在させることなく、全員を集めて作業することで、コンカレント・エンジニアリングの効果が得られることにより作業を前倒しすることができる。集団創造活動は、様々な分野の専門家の集合知を有効活用する環境の構築でもある。世界30か国に及ぶ国から、様々な分野のエンジニアを一つの空間に集合させ、これをコンダクタ（指揮者）がとりまとめている。検討時間は従来の設備がなかったころと比較し、1/4、検討コスト半減となり、その結果、より多くの検討が可能となったと言われている。

ミッションのコンセプトがある程度固まった段階で、顧客(Customer)にも参加を求める点に特徴がある。CDFを使った開発では、顧客の理解を得ることが重要視されており、そのために顧客を同席させて理解を得る工夫として、たとえば大型ディスプレイによる設計・解析結果の表示などの設備の充実が図られている。
　多種多様なエンジニアと顧客がミッションに対し、正確な意思疎通をとり、ともに創造を行うための手段・環境の構築に力を注いでいる。

セレンディピティの必然化とイノベーション

これまでにわが国で行われてきた集団的創造活動は、なにもワイガヤだけではない。高度経済成長期には、日本中のエンジニアたちは白熱した議論を徹底的に行い、数多くの画期的製品を創造して世に送り出していった。

顔と顔を突き合わせ、身振り、手振りを混じえて自分の考えをみんなに伝えようと必死になっていた。時には、飲み屋で激論が繰り広げられることもあった。丸く穏便におさめることより、尖ったアイデアでも何とか仲間の共感を得て納得を得ることの方が重要であり、そのことにやり甲斐を感じたのである。誰もが持っている小さなアイデアをみんなで膨らませて、納得がいくまで議論を尽くす、そしてパラダイムシフトを起こすような価値観を創り出すことが、モノも技術も資本も乏しい状況で先進国である欧米諸国に追い着くための最善の方策であった。だから持てる力を尽くして、みんなで集団創造に取り組んだのである。現代の日本においても社会生活を変革するような魅力的な商品（モノやコト）が待望されていることには何ら変わりはなく、イノベーションが待望されていることは改めて説明するまでもない。

本書では、これまでにワイガヤを中心に集団創造活動を紹介し、その中での「気づき」、「ひらめき（セレンディピティ）」の生起、そしてイノベーションについて話を進めてきた。では、具体的にどのように商品作りでイノベーションを実現化していけばよいのであろうか。本章では、イノベーティブな商品を産み出す過程でのワイガヤのポイントを紹介することとする。

4-1 開発におけるクリエーション（創造）とオペレーション（執行）の役割

イノベーションを巻き起こすためには、クリエーション（創造）はもちろんのこと、オペレーション（執行）が必要である。図4.1が示すようにクリエーションは、構想計画と課題計画を創る作業である。一方、オペレーションは、この課題計画に基づき実行計画を練り上げ、計画通りに推進しクリエーションを具現化するものである。本節では、イノベーションに必要なクリエーションとオペレーションの役割を理解し、それらの関係を整理してみたい。

イノベーション

クリエーション

構想計画

目的・目標にミートした道筋を探すこと

・排ガス規制値（テスト方法）に対して技術の道筋を探す

ex. 環境対応技術→トーチ式エンジン or EV or ディーゼル

・その構造

課題計画

構想を具体化させるための特定案を決定

構想を具体化させるための複数計画案を立案し、技術的可能性、経済的可能性、社会・環境適合性などの観点から特定案を選択する、説得的、理論的な思考が重要である

オペレーション

実施計画

選定された特定案に対して目標を達成するための実行可能な指令を全部そろえる

指令：

・誰が（who?）

・いつまでに（when by?）

・何を（What?）

・どこで（Where）

・なぜ、どうして（Why）

・どのように（How）

各部門の管理者、スタッフ、スペシャリストが集まって、計画を作る。理論よりも過去の実績や経験が重宝され、現場での正確性、確実性が求められる

成果確認

理想を描きながら目的・目標を設定。容易にできるかできないかではなくて、目的にミートした道筋を探すこと

パラダイムシフト

創造的、分析的な思考を要求される

図 4.1　オペレーション、クリエーション、イノベーション

（1）構想計画の目的

構想計画は、10 年先の「将来のあるべき姿である理想」を描きながら目的を設定し、この目的に向かってチャレンジする欲求（目標）を醸成する。できるかどうかではなくて、目的を達成するために、取るべき手段の道筋（目論見：主な手段や段取り）を組み立てる作業である。本質的な議論と顧客指向による創造的、分析的な思考が要求される。

「こうありたい」という理想を描きながら目的を掲げ、この理想を単なる願望で終わらせずに、「いつまでに、これを、こうしたい」というリアリティのある欲求として目標を醸成し、この目標を満たす目論見（主な手段や段取りなど）を立てることである。効果的にパラダイムシフトを起こすことができるかどうかは、目的、目標、取るべき手段の良し悪しに左右される。

(2) 課題計画の目的

課題計画は、「構想計画」で表現された構想（目的、目標、目論見）を具現化するために複数の具体的な製品構造の案出しを行い、技術的・経済的可能性、社会・環境適合性などの観点から製品構造を絞り込み、その製品構造における課題を抽出し解決する計画を創る作業である。

構想計画では、できるかどうかという実現性よりも「理想のあるべき姿」に重きを置いている。しかし課題計画では実現性を重要視し、要求を100%満たす、すなわち目標を満たす製品構造と機能の創造とその構造と機能を成立させる条件（材質、加工法、仕上げ、組立法、制御法、管理法など）を考案することが重要となる。したがって、現実的、現物的、現場的、説得的、理論的な思考が要求される。

(3) 実施計画の目的

実施計画は、「課題計画」で目標が満たされる製品構造と機能とその構造と機能を成立させる条件に対して、実行可能な指令を全部そろえた「指令群」と、それらの「実施要領」を創り、これらを順序立てて実行する計画を立てる作業である。各部門の管理者、スタッフ、スペシャリストが集まって計画を作る。理論よりも過去の実績や経験が重宝され、現場での正確性、確実性が求められる（図4.2)。

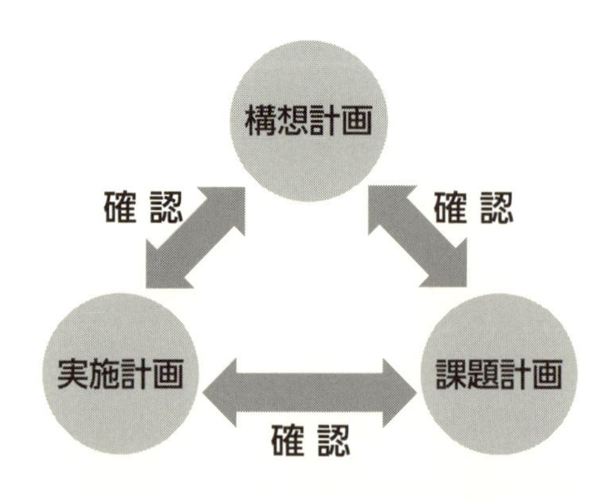

図4.2　構想計画、課題計画、実施計画

イノベーションは、全く新しい商品を会社全体の組織力で市場に投入した結果巻き起こるものであるということが、これで明確になった。誰もやったことのないことへの挑戦であるから、組織に活力と強い連帯がなければ達成できないのである。プリウス（車名）やN-Box（車名）などのような新しいコンセプトのクルマの市場投入や、トヨタのかんばん方式やロボット工場化などのような効率2倍の生産工場への挑戦、がん保険、ロボット掃除機などのような未踏の新規事業への参入、これらは、皆、会社全体の組織力で成しとげたものである。

バリューチェイン全体でセレンディピティが必要

開発においては「構想計画」「課題計画」「実施計画」などといった段階ごとに作られた計画の目標と、その目標を具現化する指令群、実施要領などが必要不可欠である。これらをみんなで考え尽くし、腹落ちするレベルにまで完成度が高まったとき、組織に活力と強い連帯感が生まれ、イノベーションにつながるのである。開発には、およそ次のようなメンバーが必要となる。

・構想計画、課題計画、実施計画を練る者
・計画を具現化する発明者
・発明を完成させるためにアイデアの具現化案を試作する者
・試作品が目標通りにできているかどうかを実験で確認する者
・計画、研究、開発の管理を行う者
・特許を権利化する者など

以上の人たちが発明の完成、つまり製品化に取り組む。この場合の製品とは、商品になる前のとりあえず形になったものを言う。そして発明が製品化され権利化されると、次は商品化するために、次のような多くのスタッフが必要となる。

・製品を顧客ニーズに適合させる設計を行う者
・適正な価格に収まるようにコストを設計・管理する者
・量産にあたっては、生産設備設計者、組立者、品質管理者

・販売にあたっては、訴求活動を推進する広報担当者、販売者
・メンテナンス技術者など

以上のスタッフが一丸となって取り組み、初めてパラダイムシフトを起こすような価値を提供できるのである。これらのバリューチェインのうち一個所でも怠れば、その部分で価値が低減、もしくは消滅する。このように、計画から発明、製品化、そして商品化までのプロセスをみんなで考え築くことこそがイノベーションの一歩なのである。決して、発明ができれば終わりではない。

（1）開発各段階における「気づき」「ひらめき」

構想計画、課題計画、および実施計画の各段階においてセレンディピティが必要となる。では一体、各段階でセレンディピティにつながる「気づき」と「ひらめき」がどのように生まれるのか、またそのときのポイントを整理してみよう。

(a) 構想計画での「ひらめき」

構想計画時には、構想のイメージをみんなで共通化するためにプロトタイプモデルを作成する。このときに、意図したモノ・コトとの違いを見つけ出し（気づき）、修正案を検討し尽くす。しかし、なかなか良い修正案が思いつかず「行き詰った状況、状態」に陥る。残す検討項目（課題）は、今まで目を向けなかった技術や、タブーとされていた技術に目を向け、新たな視点で眺めたときに、あるモノ・コトに「気づき」、そこから「ひらめき」を得る。また、フィールドワークにより顧客の新しい使い方に「気づき」、そこから新たな「ひらめき」を得るというプロセスをたどる。

ポイント1：どれだけ高みの山を目指すかがイノベーションの成否を決める（欲求を醸成し、思考を共通化。理想を共有化する）

ワイガヤにおいてイノベーションの成否を決定づけるのは、

①“○○の価値を社会、顧客に提供したい”という「欲求」
②その結果としてライフスタイルを変えるようなパラダイムシフトが起こせるのかという「判断基準」

③判断基準に即して徹底的に議論して「思考を共通化」し、「理想を共有」することである。

そのためには、

1）まず、欲求を極限まで高める（図4.3）。この過程では、熱中者が持つ欲求のレベルが月ロケットに論理立てて緻密にチェックされる。低い欲求は、追い詰められ、議論の末、自我を捨て去り、大局的な視点から、人類として解決すべき課題を示すように変化を遂げ、ここで初めて欲求が、理想が具体化される。このプロセスを経て、

2）専門家である月ロケットも理想を共有し、欲求を共有化することができる。

自分たちでぶつかり合いの議論の末、築き上げた欲求であり、理想であるから、心からの納得が得られる。ワイガヤにおいて、最も大切にされるのがこののフェイズ、思考の共通化である。

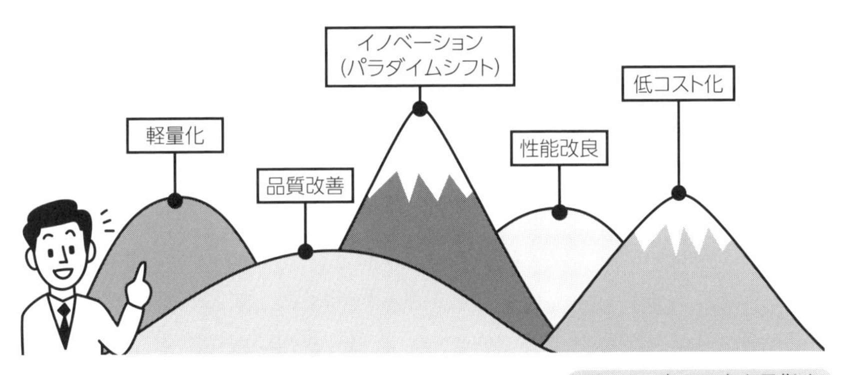

図4.3　高みの山を目指す

ポイント2：欲求を具現化するために要求を整理する

欲求は理想である。欲求を具現化するにあたっては、具体的な実体を伴う議論が必要である。たとえば、欲求は、“空をきれいにしたい”であるとすると、実体は空気を汚している“原因物質”を探して“取り除く技術”が必要であるといった具合である。このような議論は、欲求を満たすために必要な要求、つまり、クリアしなければならない課題を明確にしたことに相当する。

ワイガヤでは、この欲求から要求を抽出する際に、月ロケットが重要な役割を担う。専門家である月ロケットは、その専門的見地から欲求を満たすために必要な技術課題とその難易度を示し、要求の実現性を論理的に否定する。この具体的な否定が極めて重要となる。要求の議論の過程において、月ロケットが示す課題自体が解決すべき課題であり、欲求を実現するために必要な要求となる。この要求を、欲求を強く持つ熱中者が受け入れる必要がある。熱中者と月ロケットが激しい議論を交わすことによって、要求に対する双方の納得が得られ、要求が具体化される。要求が明確になれば、その要求を実現するための取り組みを始めることとなる。

(b) 課題計画での「ひらめき」

課題計画では、課題を抽出しているときに、予想外の根本的な課題が見つかり、解決の方策に手を尽くしたが、目途がたたずに途方に暮れてしまう場合がある。この時、残すは自分の中の常識を疑うしかないところまで「追い詰められた状況、状態」に陥り、今までは気にも留めなかったモノ・コトに「気づき」、そこから解決の糸口となる「ひらめき」を得るというプロセスをたどる。

(c) 実施計画での「ひらめき」

実施計画では、実施要領通り実行しても狙い通りにことが運ばないこともある。特に新しいモノ・コトは、やってみなければ分からない要素が含まれているものもある。このとき、実施要領の範囲内で八方手を尽くしながら打開策を考えるが、解にたどりつけず追い詰められた状況に陥ることも多い。このような状況では、実施要領そのものを疑ってみると、新たな視点が生まれ、今までは気にも留めなかったあるモノ・コトに「気づき」、そこから打開策の糸口となる「ひらめき」を得るというプロセスをたどる。

(2) 「気づき」「ひらめき」を得るためのポイント

構想計画、課題計画、実施計画の各段階に共通する「気づき」、「ひらめき」を得るためのポイントを整理してみよう。

(a) 思考共通

思考共通は、欲求を具現化するための共通の思考を持つことである。もう少し具体的に言うと、それぞれ異なる経験や知識をもとに目的や目標、指令、技術などをあれこれと想いを巡らし創り上げる過程をみんなで共有することである。つまり、立場の異なるみんなが自分たちがやることを自ら考え、みんなが納得できる水準まで高めてから実行するボトムアップであり、トップダウンではない。これは、技術者にとって、技術至上主義で頭を働かせる技術思考から顧客や社会の求めているモノ・コトを中心に頭を働かせる顧客思考への転換でもある。これにより開発目的や開発目標、設計目標、指令、技術課題などがみんなで共有されるのである。

図 4.4　思考共通とは？

例えば、それぞれ異なる経験や知識を持っているので、欲求を「時速200km で移動できる乗り物を開発したい」と表明したとき、図 4.4 のようにAさんは新幹線のようなレール上をみんなで移動できる鉄道車両をイメージするかもしれないし、B君のようにスポーツカーをイメージして個人でどこでも移動できる乗り物をイメージしても良い。またC君のように空を自由に移動できる飛行機をイメージするかも知れないのである。このように人間の思考は、皆異なるのである。

そこで、開発目的や開発目標などを共通化しておく必要がある。そうしないと議論が噛み合わないばかりか、実行計画のレベルまで具体化されると全く異なる作業となってしまうのである。その結果、できあがった物を見て“こんなこと頼んでいない”ということになるのである。やはりコミュニケーションは大事なのである。

一般的な開発では、開発目的や開発目標、設計目標などは共有されているが、それらは、自分で決めたものではないので、その根拠も意図も分からず、納得もなく、あたかもマニュアルでもあるがごとく実行している。だからイノベーションはおろか、創造とは縁遠い開発になっているのが実態だ。開発目的や開発目標、計画目標だけでなく、その根拠も意図も納得する思考共通が重要なのである。

それでは、どのようにして思考共通するのか？それは、「なぜなぜ」を繰り返すのが手っ取り早い。この「なぜなぜ」法は、「なぜ」と質問した人と質問に答える人との間で、「なるほど」とか「そうだったのか」と納得がいくまで「なぜ」を繰り返すことになる。結局、この「なるほど」とか「そうだったのか」に至る思考の経路が共通化されたのである。また、「なるほど」とか「そうだったのか」の先に、「気づき」があり、そこから「ひらめき」が訪れることもあるので見逃さないことが肝要だ。この「なぜなぜ」法に限らず納得がいくまで、議論することが思考共通なのである（図 4.5）。

図 4.5　「なぜなぜ」を繰返す⇒思考共通⇒「気づき」→「ひらめき」

(b) 塩梅加減

「ワイガヤ」は、開発の様々な場面で行われる。「欲求」から実体の開発を進めていく中で、各開発項目に対する要求のレベルを整合する必要が生じる。この要求のレベルを整合させることを「塩梅加減」と言う。「塩梅加減」は一方を立て、他方を妥協する考え方ではない。「欲求」に照らして、それぞれの要求がどのレベルで必要か、つまりシステムとして全体的に最適化するための議論である。たとえば、走りを追求した車を設計したいという欲求に対して、エンジンパワーを大きくすると重量も重くなり、ある限度を超えると重量の重くなる比率が大きくなり、結局は、走らない車になってしまうので、パワー要求と重量要求との最適化を図る。つまり、パワーの大きさと重量の大きさのバランスのよいポイントを探す必要がある。この最適化により、欲求を満足させるのが塩梅加減である。料理の味も塩加減で決まる。

4-3 「気づき」や「ひらめき」になぜワイガヤが有効なのか

強い欲求・想いを醸成する環境や雰囲気を集団全体に作りだすことで、既成概念・固定観念である「自分の殻」を破ることができる。

最終的に殻を破って「気づき」や「ひらめき」を得るのは個人であるとはいえ、個人の力だけで殻を破るのはたいへんなエネルギーが必要であり、不可能に近い。事実、高度な製品や技術は、天才が一人で全てを生み出すわけではなく、例えばホンダにおいても、本田宗一郎が自動車やオートバイの1から10までのすべてを一人で考えて完成させていたわけではない。世の中には集団による創造活動が存在し、そこには、多種多様な領域に深く関与する参加者によって繰り広げられるコミュニケーションによって新しい価値が発想され、様々な技術や手法によって価値が実体化される事実が存在する。

集団による創造活動では、専門の異なる様々なタイプのメンバーが集まり協業することでもたらされる集合知が注目されている。メンバー各自がそれぞれの頭の中を共通化することによって、ある個人の思考の文脈の中で別の個人がひらめき、(集団による) 大きな創造を得ることが期待される。

以下に集団創造活動による技術者の発案 (気づき、ひらめき) を促し、イノベーションへつながる道筋をまとめてみたい。

(1) 既成概念が「気づき」や「ひらめき」を阻害する

創造の源泉である発意 (「気づき」や「ひらめき」) を阻害するものには、「既成概念」「固定観念」「因習」「理論」「べからず集」「規定」「マニュアル」など様々なものがある。

既成概念は、長い間の経験や理論を通して身に付け、すでにできあがった包括的な社会常識や通念であり、我々はいつの間にか、そのような物事に対して信じて疑わなくなってしまうのである。固定観念は物事のこだわりや決めつけにより、起こっている事実に目を向けない固まった思考である。因習は、昔から続けられているしきたりのようなもので、理論は、現象を法則的、統一的に説明できるように筋道を立てて組立てられた知識の体系である。

しきたり通りに実行すれば、また理論通り設計すれば間違いなど起こるはずがなく、そのため相手を説得する必要もなくなる。またべからず集は、文字通り規定された“べからず”を守らないと上手くいかないという規定集であり、それとは反対に「規定」や「マニュアル」も、その通りにしさえすれば良いという行動規範集といえる。これらを利用することは、便利である反面、定型的な思考に陥りやすく、創造的な思考を停止させ、結果として発意を失わせるのである。

(2)「ひらめき」は「自分の殻」の外にある

このような思考停止、発意喪失させるものに慣れ親しんでどっぷり浸かってしまうと、「自分の殻」のようなものができ上がってしまう。これがいわゆる、頭が固いと言われるゆえんである。長い間の経験や理論、規則などを通して身につけた硬い殻であるから、そうそう簡単に突き破れるものではない。

たとえば、花の絵を描くときを考えてみよう。実際に花を見なくても自分のイメージだけである程度描けてしまう。ほとんどの人は、自分が持つ知識や経験に照らして「こうである」「そうに違いない」となかば決めつけ、現実を十分に観察しないままに描いてしまう。だから、新しい発見に至らずに「気づかず」「ひらめかず」なのである。

セレンディピティは、換言すると「新しいところ（間違いや非常識）に目を向けて幸運の発見を得ること」であるともいえる。今までの常識や理論、規則などの殻を破り、新しい（異なる）ところに目を向ける、すなわち現実を直視する、これが「セレンディピティ」なのである。

そもそも新しいモノやコトが創造できない理由や、今まで解決できなかった難しい課題というのは、既成概念や固定観念などからできあがった殻の中の狭い範囲で思考しているからであり、求める解はその外側にある。間違いや非常識と思われていたモノ・コトは、解明されれば正しいことと常識に変わるのである。宇宙の中心は地球であり地球の周りを宇宙が公転しているという天動説が常識であった時代に、非常識であった宇宙の中心は太陽であるという地動説が、後に常識に変わったことや、死因のほとんどがガンであった時代にビジネスとして成立しないと考えられていたガン保険が、後にガン保険でなければ保険にあらずといわれるようになり、保険の常識を変えたことなどが代表的な事例である。

(3)「自分の殻」を破るコツ

それでは発意(「気づき」や「ひらめき」)とは、どのようにして生起されるのだろうか?「自分の殻」の外側に存在する新たな概念(非常識と思われているもの)を見つける思考の変化であるから、

①多様性をもった人々との多方面からの議論により視野を広げ柔軟な思考を獲得すること
②3現主義を徹底して貫き、経験に惑わされない絶対スケールでの観察力、洞察力を養うこと

これらができれば、自分の殻を薄くして消えさせることや突き破ることができる。この二点を実行することこそが自分の殻を破る突破口を開けるコツなのである。

(4)みんなで(集団力で)殻を破る方法

個人が独力で自分の殻を破る突破口を開けるコツを実行するのは大変なことである。そこで、殻を破る思考の変化を獲得するという大変な作業を集団の力を活用する、という発想が「ワイガヤ」である。

普及する良い製品や技術は、天才発明家をもってしても一人で全てを発想できる訳ではない。スティーブ・ジョブズが、マッキントッシュやiPodをすべて一人で考えて完成した訳ではないし、ホンダにおいても本田宗一郎が一から十まで考えて作り上げたオートバイや自動車は存在しないのである。ものづくりには、バリューチェインと呼ばれる「研究〜開発〜生産〜品質管理〜物流〜営業〜広報〜販売」が存在する。これらのものづくりに関わる各

プロセスのすべてが高次元で実行されたときに初めて、目的とする価値が提供できる。

重要なことは、各プロセスにおいて、「実行計画」に記された計画の中には実行できないものや実行しても目標を達しえないものが含まれているという問題が潜んでいることである。実行計画は、言わばマニュアルのような絵に描いた餅のような側面が存在するものであるから、製品として実現不可能の場合や最低限のモノやコトは完成できるが「構想計画」にある理想の目的、すなわちイノベーションが実現できるレベルに到達しない場合がある。

ただ計画だけ実行していてもなかなか完成できない、良いモノができないという問題は、言われたことだけをやっていても良いモノやコトはできないという経験則にも通ずるものである。この問題は、実行計画を作成したときには予測がつかなかった現場での課題であるから、担当者が自らの発意で克服しなければならないのである。従来からの経験では予測がつかない訳であるから、「自分の殻」の外側に存在する新たな概念、新たな思考（思考の変化）を獲得する必要であり、この獲得に、集団の力を活用する「ワイガヤ」が有効なのである。

4-4 失敗する「ワイガヤ」、成功する「ワイガヤ」

「気づき」や「ひらめき」のために「自分の殻を破る」ことはイノベーションを産み出すために必要な条件である。しかしながら「自分の殻を破る」ことができれば必ずイノベーションが起こるわけではなく、十分な条件とは言えない。このことは、今までのところで理解できるだろう。そこで、成功するワイガヤについて考えてみることで、イノベーションを起こすためのワイガヤの必要条件を考える。

通常行われているであろうと思われる会社と対比しながら、説明する。

(1) 欲求レベルが低い → 欲求レベルを一気に引き上げる

ワイガヤでは欲求の醸成が重要であると述べた。そこで、イノベーションを生む欲求について考えて見る。たとえば、欲求レベルを“価格を10%削減したい”とする。この程度なら、関連する部署の課長クラスを集めて、競合他社の中での自社の位置付けを説明して、その必要性と効果を各部署に5%位（誰でもできるレベル）のコスト削減依頼を30分程度説明すれば、その後、一応各部署から課題らしきもの（愚痴のようなもの）が、30分位指摘されるが、そのあと2度とみることはない議事録をまとめ上げれば、その場は納まった気になる。そして、最後に"大変ですけどよろしくお願いします"と、閉じれば、会議はめでたく終了である。これを集団で活動する「ワイガヤ」と思っている人もいるかもしれない。でもこれは「ワイガヤ」ではなく単なるトップダウンの会議である。

この場合、大抵、市場調査結果から現在10%程度の価格競争力が不足している、という事実から来期の目標を定めているのであるが、「ワイガヤ」が本来、期待しているのは、この低い欲求レベルに対して、月ロケットが登場して、"競合他社が、今年と同じ価格を維持しているとは限らない。競合他社が来期10%削減してくれば、現在の差は縮まらない。それどころか、更に魅力アップで挑んできたら、当社の商品の存在すら忘れられてしまうのである。"と課題を論理的、かつ緻密に表明することである。そして、この月ロケットが熱中者に変化するのである。

そうすると、大変なことはやりたくない保守派が反逆して議論を泥沼化し発散傾向になるが、タヌキが登場して、社是や創業者の言葉を巧みに使って、本来のあるべき姿にみんなの思考を揃えてゆく。

出席者全員が、入社したときの青い志を思い出し、本来あるべき姿、つまり理想を共有した本質的な議論が深まっていくのである。一つの方向にみんなの思考が収束すれば、思考共通が図れる。そして、欲求レベルがパラダイムシフトを起こすところまで高まる、つまりどうせやるなら社会や顧客のライフスタイルを変えるところまでやりたい、という具合に高い目標の実現欲求が生まれ、理想とも思える目標とこの目標を達成するための課題が整理される。このようにして真の目標と課題を明確にするのである。そして、全社的にこの目標と課題解決を支援する体制が整えられる。これが、成功する「ワイガヤ」、即ちイノベーション活動の展開である。

(2) 声の大きい上司の影響が強い → タヌキによる上下関係のない公平な場つくり

一般的に声の大きい上司がいると、上司の意見に部下はなびく傾向にある。ましてや上司に否定的な意見は言い難いし、言われた上司も気持ちの良いものではない。ただでさえ上司への言い方には注意を払っているのが常であるから、本音など出てくる訳がない。結局、上司の顔色をうかがいながら委縮した議論になり、上司の意向に沿ってみんなでまとめるような会議が、良い会議になってしまうのである。上司1人プラス、あとのスタッフは作業員と化す。これも失敗する代表的なケースである。

本来の「ワイガヤ」とは、上下関係のない公平な場を作り、そこで自由に意見が飛び交い、言い過ぎとも思えるような状況を創り上げることである。であるから、「ワイガヤ」を成功させるためには、上司は直接の参加を避け、タヌキとしてのご隠居役を演じてもらうのが良い。

博学で、行き詰ったときに知ったかぶりで場をなごまし煙に巻く。そして閉塞したみんなの思考を、異なる方向に向け突破口をみつけさせる役である。

(3) 保守的なトップダウン → トップのタヌキ化によるボトムアップ

トップダウンは、トップの意向がストレートに社員に伝達され、確実で効率の良い仕事の進め方であると思っている人がいると思う。しかし実際は、思惑の60%もアウトプットが出せないのである。確実にできる想定で計画されているので、社員の50%程度の、いやそれ以下の力を信じて目標設定されている。だから、実は効率は悪いし、アウトプットも小さく競争力などある筈がない。誰でもできることしかできないのである。

社員にしてみれば、トップダウンはトップの意向であり、できなくとも自分には責任がないのである。目標ができる目標になっていないという逃げ道を心の底のどこかで持っている。現場の実情をよく知っている人や熱中者は、やりたくないこと、やっても無駄なことを無理やりやらされて疲弊する場合も出てくる。およそイノベーションなどとは、無縁の施策だ。

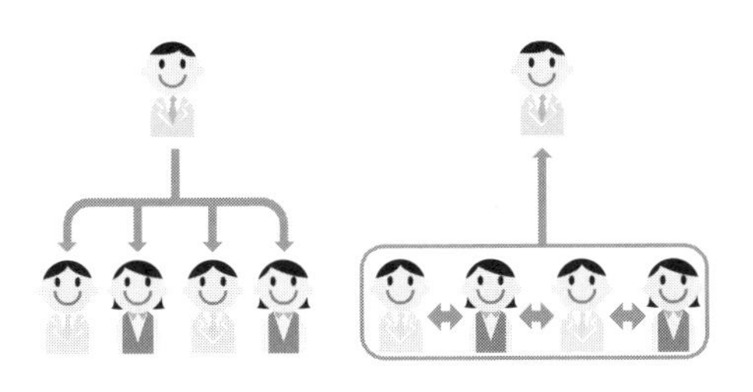

図 4.16　トップダウンとボトムアップ

ボトムアップは、3年〜10年後の自社の将来と社会の状況、現場の課題とが反映された理想の具現化ともいえる目的、目標、指令がみんなで創られた提案であるから、会社の今の実力の150%、それよりも上かもしれないが、そこまでやりたい、やらなくてはいけないというみんなの欲求が詰まった提案なのである（図4.16）。

だから上司やトップは、本当にできるかどうか心配になる。ましてやイノベーションをやったことのない上司やトップは、そこまでやらなくても会社は傾かない、少なくとも自分が現役でいる間は大丈夫、それよりもそんなリスクを冒したくない、小さくても良いからもっと確実な方法で確実なアウトプットを出したいと思っているのである。

しかし、今の会社も黎明期には、先輩社員たちがボトムアップで200%の力を発揮して築き上げたものである。確実な方法で確実なアウトプットなんてものは存在しない。存在したとすると社内だけで上司やトップがぬか喜びをしているに過ぎない。同業他社は、その間にイノベーションの準備を着々と進めているのである。

しかし、上司やトップでなくても、このように考えたくなるのは仕方のないことである。このような思考を断ち切るには、上司やトップは、タヌキになって、社員の「ワイガヤ」を傍観することである。自分の過去の経験と照らし合わせて、自分の世界観から外れた意見やできそうもないアイデアを提案してきたときに“ああだから駄目だ、こうだから駄目だ”と否定するようなことを言いたがらないことである。

しばらく傍観していると、現在の自分の立場を離れて、入社した当時の青い思いや本当に苦しい課題を乗り越えた体験がよみがえってくるはずである。そんなときに、老婆心ではなくて、“若者心”に戻って、こういう風に考え方を変えて乗り切った、とか誰々に助けてもらったときのポジティブな体験を説明するのが良い。

そうすれば、いつの間にか上司と部下の間で思考共通され、みんなで「ワイガヤ」の状態ができ上がってくるのである。知恵が知恵を呼び、一人では思いつかないようなアイデアへと昇華していき、強いモチベーションとなる。これが革新的な商品の開発につながるイノベーションの原理である。

（4）効率の良い会議→納得を得るためのワイガヤ会議

“大切な業務時間をとりとめのない会話（ワイガヤ）に割くなんて無理”と考える職場は多い。無駄をなくし効率化を図ることは、いつの時代でも企業として重要な活動である。

一般的に効率の良い会議というのは、30分～1時間程度で終了する報告会であり、トップの意向を社員に伝えるトップダウンの一方通行である。よく分からないが、やることのみが伝達されるという会議である。

しかし素晴らしいアイデアを生み出すとなると、少し話が変わってくる。お互いに膝を突き合わせ、納得がゆくまで議論しイノベーションを巻き起こすようなアイデアを見つけ出すことが必要である。そう簡単にいくとは誰も思っていない。ある程度の時間がかかるのは当然であるし、近道はなさそうである。

昨今、多くの企業がワークライフバランスを重要視し、残業時間の削減に力を入れ始めている。残業時間の削減を考えたとき、手っ取り早いのは「集団の時間」を撲滅することであり、多くの企業もこれを無駄として削減しようとしているが、もし「集団の時間」を撲滅したなら、これまで関係各所との連携や「アイデア出し」のようなブレインストーミングは、実行不可能となり、企業活動そのものが危ぶまれる事態に陥る。そもそも企業活動というのは、集団の組織力を活かした活動なのである。

本音の議論をしっかりとしてモノを決める企業風土こそが「ワイガヤ」であり、「集団の時間」を上手くつくって、そこから新しい価値でパラダイムシフトを起こすアイデアを発掘し、そのアイデアをみんなで膨らませ具現化して商品やサービスとして仕上げることが重要であり急務なのである。

(5) オペレーションツールによる現状分析 → 議論による欲求の具体化

イノベーション活動に、“ロジカルシンキング”や“思考のフレームワーク”の本を持ち込んでくる人はたくさんいる。でも、ほとんどの場合、うまくいっていない。その理由として、単なる手続き的な処理を真似て分析ツールを一生懸命作ってもそこから解は導き出せないからだ。つまり、分析ツールをいくら揃えても解はそこには存在しない。オペレーションに頼って、分析ツールをいくら揃えても駄目なのである（図 4.17）。心の中の奥底にある欲求を炙り出し、みんなで膨らませる活動が必要なのだ。

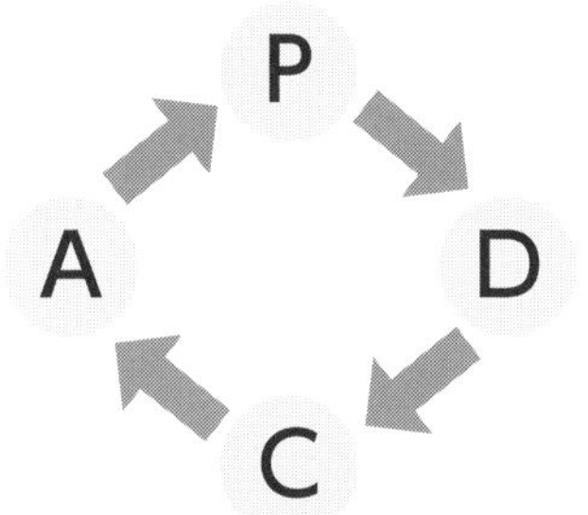

図 4.17　分析ツールの例

イノベーション活動に最も重要なことは、社会や顧客に対する価値でパラダイムシフトを起こすモノ・コトを具現化することである。即ち、みんなでアウトプットを最大にする活動なのである。

価値を高めるには、欲求を高めることだ。欲求を誰でもわかるように示すツールとして分析ツールを適宜選んで使うのは有効である。上手く使って欲求が分かりやすく表現できれば、心の奥底にあるみんな誰でも持っている欲求が喚起され、本音の議論が誘導できる。そして、欲求を膨らませてみんなの納得のゆくレベルまで高めることができれば、つまり思考が共通化されれば、目的や目標、道筋などが共有されるのである。

一般的によくあるケースとして、熱中者が存在しない場合がある。その場合、オペレーション頼りで分析ツールをいっぱい揃えていくが、袋小路にはまって議論が先に進まなくなるのである。具体的に言うと、目的、目標が決められないのである。目的、目標は、欲求の具体化であるからだ。

そのようなときには、タヌキがしゃしゃり出て、ご隠居役を演じる。社会の課題、会社の課題やフィロソフィー、創業者の言葉など使って、理想を語り小さくてもいいから欲求を呼び起こす。そしてみんなで小さな欲求を発見して膨らませて大きな欲求に展開することである。

ワイガヤの理論：イノベーターは日曜大工である

ここまでワイガヤの過去を振り返り、それを成功に導く方法を示してきた。しかし、このように思う人もいるだろう。「成功例を挙げて、そのようにやれば成功すると言っているに過ぎないのではないか」。それも無理はない。ワイガヤの効果は科学的にあるいは社会学的な方法によって証明されているわけではない。ワイガヤは未だベストプラクティスの域を出ていないのである（図 5.1）。

私たちはワイガヤが広く一般に広がり、至る所でイノベーションが起きる世の中が来ることを期待している。そのためにワイガヤを学術的に解明し、体系化することが急務であると感じている。そこでワイガヤの効果を数理的な理論に基づいて説明することを試みた。本書の中ではそれをかみ砕いて簡潔に説明していこう。より詳細な数理的な説明は後に発行する論文を参照されたい。

図 5.1　ベストプラクティスで終わらせないために

5-1 設計の基本形（一般設計学より）

本書では「ワイガヤ」を理論的に説明するにあたって、元東京大学総長である吉川弘之東京大学名誉教授が提唱した設計の数理的理論である一般設計学[(5-1),(5-2),(5-3),(5-4)]を拠りどころとする。そのため、ワイガヤを理論的に紐解いていく前に、まず一般設計学について簡単に説明しておこう。

(1) 設計の理論

一般設計学では設計を数学の集合論によって説明をしている。まず完全知識というものを想定する。これは人間が過去から未来にわたって見たり、触ったりすることができるすべてのモノの集合である。これを知識の全体集合とする。設計はその中の部分集合を取ってくる行為として定式化されている(図5.2)。

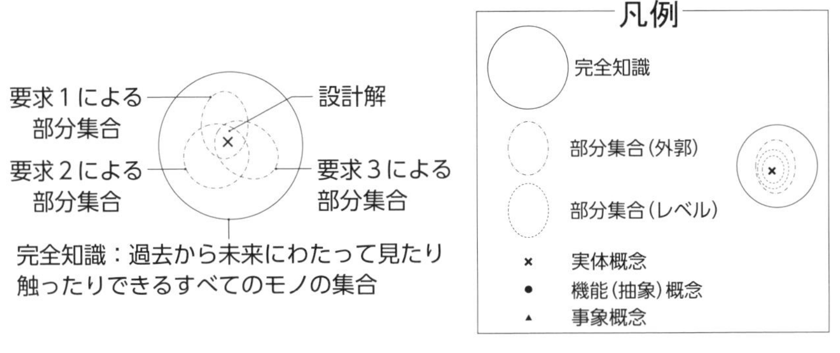

図5.2　一般設計学における設計

例えば、「赤い」モノを設計しなさいという問題（図5.3左上）があったとする。その場合、赤いモノの部分集合を取ってくればいいのである。その中にはポストも含まれているしイチゴもリンゴもトマトも含まれている。そのどれを取っても、「赤い」モノを設計しなさいには答えることができている。

多くの場合、設計に対する要求は一つではないので、「赤い」、「食べられる」モノのように問題が定義される(図5.3右上)だろう。こうした場合には「赤い」モノの部分集合と「食べられる」モノの部分集合との積集合（重なっている部分）を取ってくればいい。さっきの例でいえば、ポストは食べられないのでこの積集合には入らないだろう。イチゴ、リンゴ、トマトはいずれも設計解として適合している。

ではもっと要求してみよう。「赤い」、「食べられる」、「甘い」モノならば（図5.3左下）どうなるだろうか？この場合でもイチゴ、リンゴ、トマトはいずれも設計解として適合している。より一層設計解を絞り込むためには、要求をきつくする必要がある。そのための方法として、要求に尺度を導入する方法がある。例えば、「甘い」ではなく「糖度15以上」などと要求する（図5.3右下）のである。そうすれば先に挙げたもののうち、この要求を満たすモノはリンゴだけになる。

一般設計学では、このようにモノの集合を要求によってフィルタリング(絞り込み）して設計解を得ることを設計といっている。このモノを実体概念と呼び、要求を抽象概念と呼ぶ。この抽象概念には、機能を表わす機能概念のほかに、モノの形質などを表す属性概念などがある。

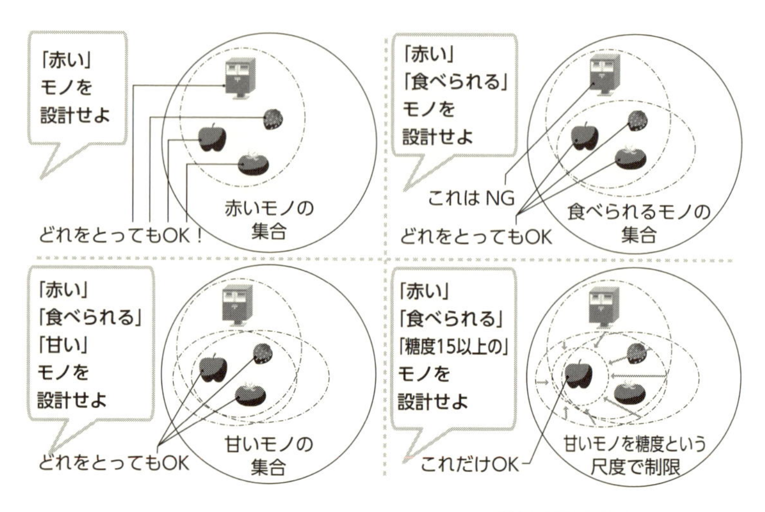

図 5.3　設計解空間の絞り込み

(2) 設計のための知識についての理論

上述の設計の理論が成り立つためには、「赤い」モノや「糖度 15 以上の」モノと言ったように、モノを部分集合（要求）に分類する必要がある。この要求である「赤い」や「糖度 15 以上の」というのは、人がモノに対して与えた意味であり、機能や属性などによってモノを分類していると考えている。これを設計のための知識と呼ぶことにする。つまり設計するためには、要求が必要となり、要求するためには、設計のための知識を獲得していることが必要ということになる。一般設計学では知識は新しいモノを知覚することで獲得されるとしている。

例えば、木の枝が折れて落ちていたとしよう。ある人はそれを使って届かないところにあるものを突くことができたとする。そうすると木の枝には「遠くのものを突ける」という機能が与えられる。またある人はそれを燃やして焚火をしたとすれば、その人は木の枝に「焚き木になる」という機能を与え

図 5.4　同じものに対して異なる機能の意味付け

ることになる（図 5.4）。

また、先の例は「できる」or「できない」や「である」or「でない」といった分類であったが、その程度もまた設計のための知識である。ひと言に「赤い」と言っても、皆さんが思う「赤い」モノは果たしてみな同じ色だろうか？「真っ赤」もあれば「だいぶ赤い」もあり「ほのかに赤い」もあるだろう（図 5.5）。これも「赤い」モノを数多く知覚することでより細かくレベル分けがなされていく。すると、「ほのかに赤い以上」のモノの部分集合の中に、「だいぶ赤い以上」のモノの部分集合が構成されるといったように、知識に尺度が導入される。アートや服飾デザインなどに関わっている人が色についての感度が他の人より高いのは、こうした経験の差であろう。こうしたレベル分けが先に挙げた「糖度 15」といった尺度となる。

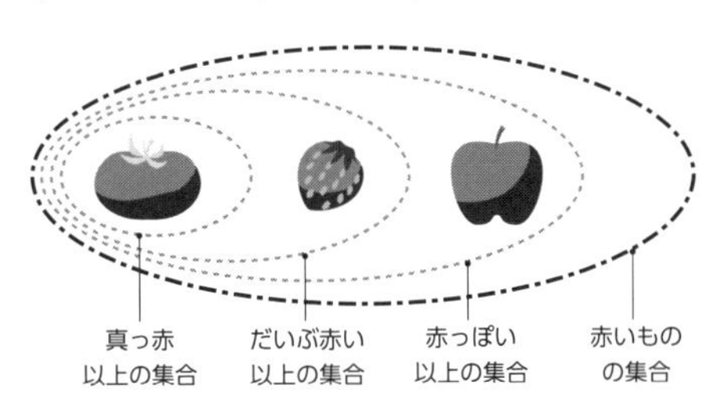

図 5.5　赤いモノのレベル分け

このように、人の経験によって設計のための知識の構造は異なりえる。しかし、人間は言語や文化など高度な意思や意味の伝達機能を有しているため、そう大きくは違わないだろう。例えば「糖度 15 以上」というのは、人間が科学的に獲得した知識で、人間の間では同じ意味を有している。とは言え、どのモノにどういった意味を与えるかや、同じ言葉で説明される意味を表す内容は、人によって微妙な差が生じる。もちろんこの差が設計を行う上で問題になることがあるが、設計という行為がどのように行われているかを説明しようとしている一般設計学では、個人間の知識の違いは議論していないのである。

(3) 設計プロセスの理論

先の設計の理論は、人間が過去から未来にわたって知覚できるすべてのモノの集合である完全知識に基づいて成り立つ。ただし、実際に我々が何かを設計しなければならないケースでは、要求を満たすモノがその時点では存在しないという場合がほとんどであろう。実際に私たちが有している知識は、完全知識からは程遠いのである。その場合には設計解の探索が必要になる。

例えば、「赤い」、「食べられる」、「糖度 15 以上」で「野菜」のモノという要求を考えよう（図 5.6）。現時点でこの要求を満たすモノは存在しない。こうした場合には、「赤い」、「食べられる」、「糖度 15 以上」であるリンゴや「赤い」、「食べられる」「野菜」であるトマトを、要求される設計解に近しいモノとして手掛かりにする。トマトの糖度が 12 であったとすると、ある人はトマトの糖度を上げてきた歴史に着目するかもしれない。そしてその延長線上に糖度 15 の達成を考えるだろう。またある人はリンゴとトマトの違いに着目するかもしれない。そしてリンゴの高い糖度を実現している特徴を捉え、それをトマトにどのように与えるかを考えるのではないだろうか。

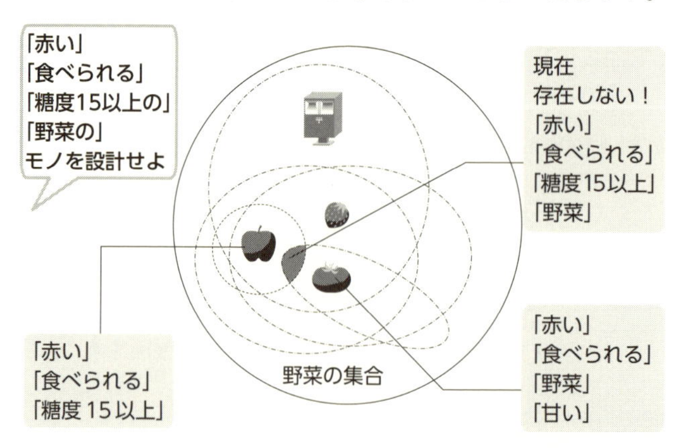

図 5.6　未知の設計解を探し出すのが現実の設計

一般設計学では、このように設計解を探索し解に至るプロセスを一般設計過程[(5-3),(5-4)]と称し、理論化している。一般設計過程では要求から設計解へと至るいくつかのルートの存在を提唱している。これらのルートはブリコルール型とエンジニア型という2つの基本となるルートからなっている（図5.7）。

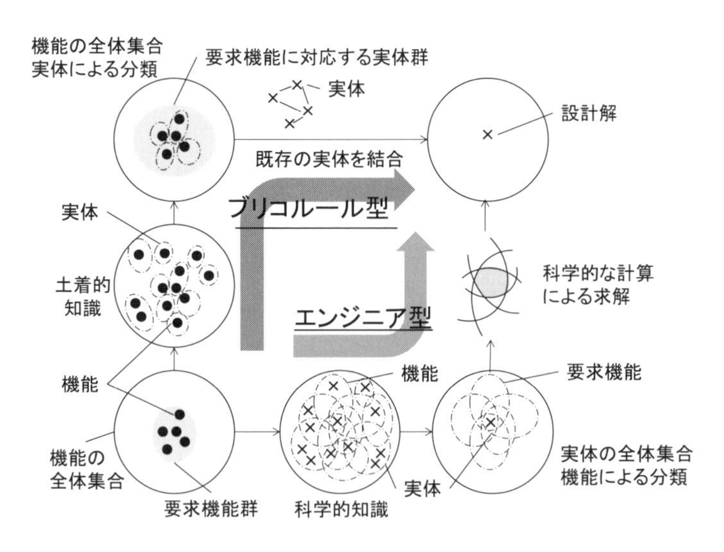

図 5.7　一般設計過程の基本ルート

図 5.7 は、左下の要求機能から右上の設計解を導き出すプロセスを表している。一般設計学では、プロセスには左上を経由するブリコルール型と、右下を経由するエンジニア型が存在すると提唱している。左下の実線で囲まれた部分は、機能全体の集合を表している。現時点で私たちが知覚している何らかのモノ（冷蔵庫でも自動車でもリンゴでもすべて含む）の機能のすべてを含む機能の全体集合である。その中に網掛けされたいくつかの機能が取り上げられている。これが要求機能である。つまり、全機能の中から、製品で実現したい要求から求められる機能の群を抜き出すことで、要求機能が表現されているわけである。ここからブリコルール型とエンジニア型とで違った道筋で設計解を探っていくのである。

(a) ブリコルール型設計過程

ブリコルールとはフランス語で、日本でいうところの日曜大工に近いブリコラージュを行う人のことである。なんでもその場にある使えるものをくっつけて､用に足るものを作り上げるような道筋をたどる設計プロセスである。

クロード・レヴィ＝ストロースは、このフランスのブリコラージュを人間の知のあり方の一種としてエンジニアリングと対比している[(5-5)]。ブリコラージュを“野生の思考”として、エンジニアリングを“栽培された思考”として、近代社会においてもこの野生の思考が有効に作用していることを述べた。

図5.8を用いて説明してみよう。ブリコルール型ではそれぞれの機能に対応するモノ（一般設計学では実体と呼称）を集めてくる。この機能とモノの関係づけをしているのが土着的知識（左中段）である。土着的知識は、いくつもの機能（黒丸）が存在し､それらを囲う点線があるが､これがモノ（実体）である。この図の土着的知識は要求機能に関係なく、すべての機能とモノの対応関係を表している。この土着的知識は誰でも有しているために、要求機能に対応するモノを集めてくることができる（左上)。この集めたものを何とかくっつけて、設計解（右上）を獲得する。

一般設計学では、例としてイヌトリガエルの話がよく出てくる。「ピヨピヨと泣く」､「足の速い」､「泳ぎの上手い」動物という設計課題に対して、「ピヨピヨと泣く」鳥と「足の速い」犬と「泳ぎの上手い」カエルをくっつけて、要求に対応するモノを作り上げている。つまりブリコルール型のプロセスとは、要求機能に対応するモノをそれぞれ集めてきて何とかくっつけて一つのモノとして構成する設計プロセスである。

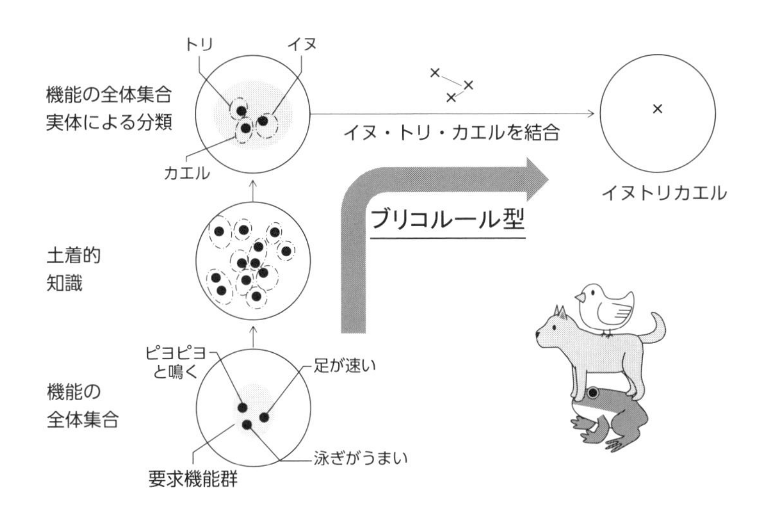

図 5.8　ブリコルール型設計プロセス

(b) エンジニア型設計過程

一方でエンジニア型は科学的知識を駆使して設計解を導き出す設計プロセスを表している。例えば「足の速い」という要求に対して、空気抵抗と推進力のつり合い式に目標の速度を設定して、骨格や筋量を決定するといったことを行っていく設計プロセスである。

図 5.9 を用いて説明してみよう。エンジニア型ではそれぞれの機能に対応するモノ（実体）を科学計算によって算出する。この機能とモノの関係づけをしているのが科学的知識（中央下段）である。科学的知識では機能の点線がモノ（実体）の丸を含んでいる。この図では科学的知識は要求機能に関わらずすべての機能とモノとの対応関係を表している。

この科学的知識の表現は少しわかりにくいので、図 5.10 で説明してみよう。これは片側を壁に固定された梁（ハリ）（片持ち梁）である。この自由端点に荷重をかけると梁はたわむ。同じ荷重、断面積であれば、梁の長さｌが長くなればたわみｄも大きくなる。我々はそのことを物理法則として知っている。従ってｄだけたわむことが要求機能であれば、それを実現する実体ｅの長さｌを計算することが可能なのである。ただし、これが成り立つためにはモノを長さなどの属性値の組として、また要求機能を数値としてともに観測可能であり、法則が発見されている必要がある。これが科学的知識である。この科学的知識によって、要求機能を実現する属性値の組を計算でき、設計解（右上）を獲得する。

例えば家を設計するとして、幾何的成立や力学強度、断熱などを科学的に定式化して、柱や屋根、壁などの仕様を計算によって決定する。

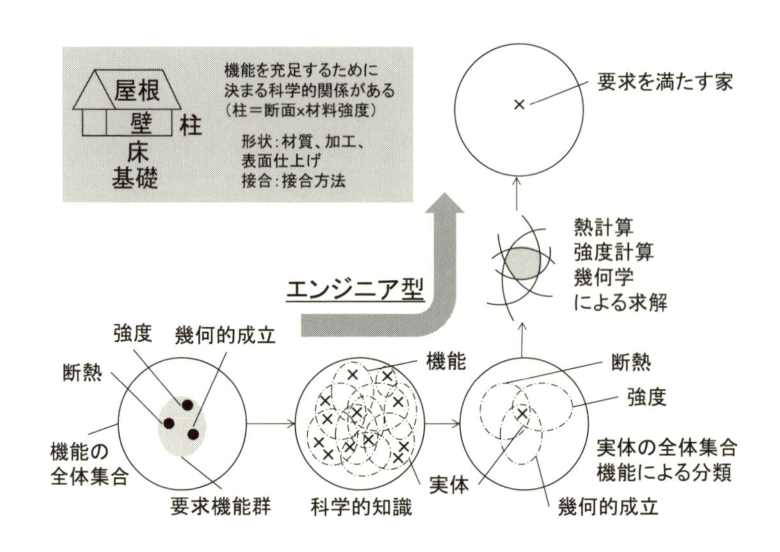

図 5.9 エンジニア型設計プロセス

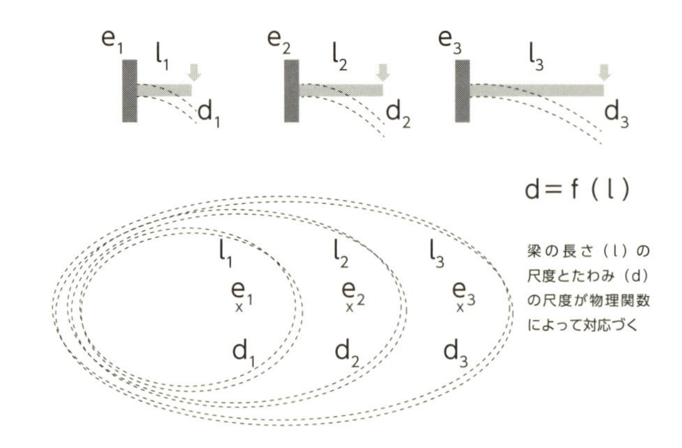

図 5.10 科学的知識（例：片持ち梁）

先ほどの「赤い」、「食べられる」、「糖度15以上」で「野菜」のモノを設計しようとした場合を考えよう。**図5.11**に示すように、ブリコルール型では「赤い」、「食べられる」、「野菜」のトマトに、「赤い」、「食べられる」、「糖度15以上」のリンゴの何かしらをくっつけようと考える。そこで蜜に着目して、栽培中にトマトに蜜が入るように交配をすることを思いつく。一方でエンジニア型では糖度を上げるための水やりの量や日照時間の最適化を図るといったことになるだろう。

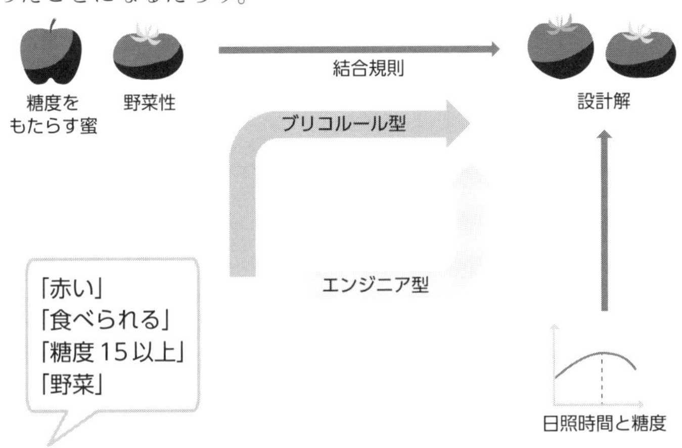

図5.11　ブリコルール型とエンジニア型のトマト設計比較

(C) ブリコルール型とエンジニア型を複合した設計過程

ここまでブリコルール型とエンジニア型2つの基本ルートを示したが、これらを複合したルートの存在も一般設計過程の中で示されている(**図5.12**)。

ブリコルール-エンジニア型：

ブリコルール型を起点とするが、のちに科学的な知識を採り入れエンジニア型の設計解の導き方をする設計ルートである。あり合せのモノを集めてきて設計解を構成しようと試みるが、その組み合わせたモノをもとに科学的なアプローチで設計を行う。

エンジニア-ブリコルール型：

エンジニア型を起点とするが、のちに土着的知識を採り入れブリコルール型の設計解の導き方をする設計ルートである。科学的なアプローチで必要な部品の仕様を求め、それに近いモノを集めて組み合わせることで設計を行う。

メタモデル型：

エンジニア型を基本とし、ブリコルール型の土着的知識によるフィードバックを入れた設計ルートである。科学的方法で部分的に仕様を決め、それをモノにして検討することで、そのモノの設計に必要な属性とそれの決定に必要な科学的知識（右下、これをメタモデルと呼ぶ）を更新していき、設計解に至る。

パラダイム型：

ブリコルール型を基本とし、エンジニア型の科学的知識によるフィードバックを入れた設計ルートである。要求の部分に対応するモノを集めてくるが、それを科学的に分析し、要求機能に対応するモノの範例（左上、これをパラダイムと呼ぶ）を更新していくことで、設計解に至る。

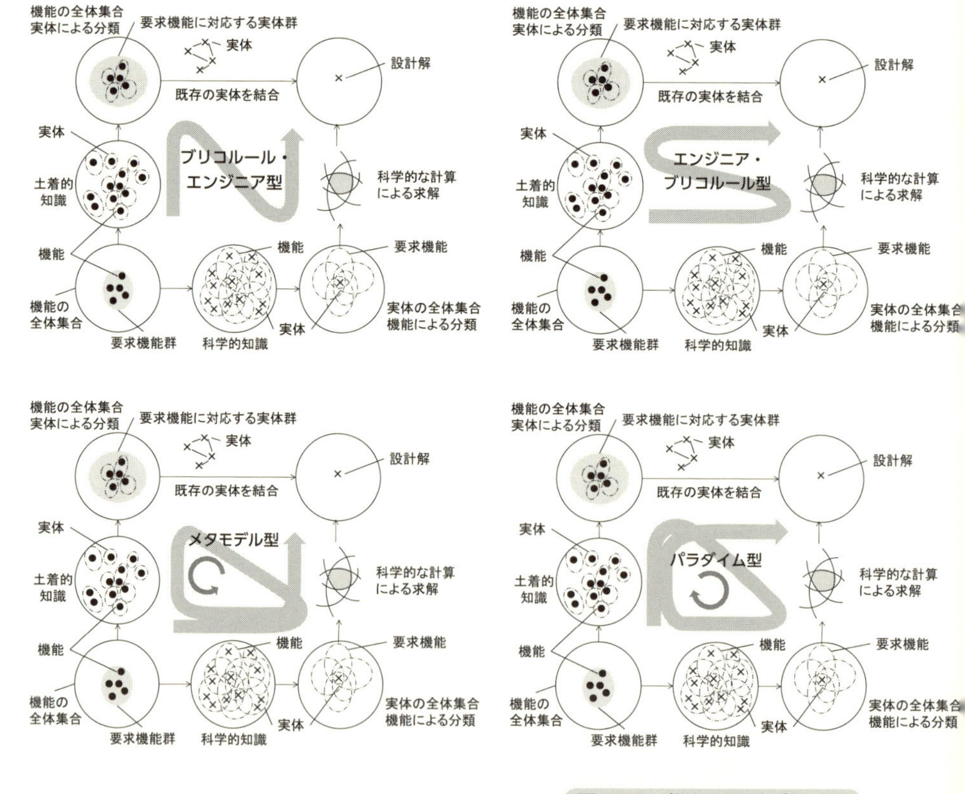

図5.12　様々な設計プロセス

5-2 創造と設計のプロセス、イノベーションは<創造>の結果

ここからは吉川弘之（東京大学名誉教授）の設計論をもとに、ワイガヤがどのように説明できるか考えてみよう。

吉川の一般設計学では、設計を要求に応えるモノを生み出す行為として扱っている。しかし、ワイガヤでは要求より先に欲求を作り出し、そこから要求を導き出している。イノベーションを求めるのであれば、与えられた要求を実現するだけの設計では不十分で、世の中に何を起こすのかという欲求から作り出さなくてはいけないのである。このように欲求を定めてから要求を決定するというプロセスによって、設計の解空間は大きく広がる。このことが今までにない製品を生み出す基盤になっているのは想像に難くないだろう。

この欲求を扱うためには、一般設計学を拡張して考える必要がある。まず欲求から要求への写像のステップを要求から設計解への写像ステップの前に設ける（図 5.13）必要がある。さらには欲求そのものをどのように作り上げるのか、そのプロセスを説明できるようにする必要がある。

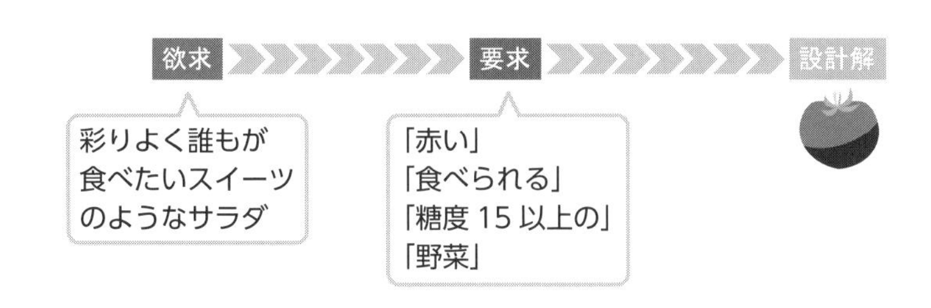

図 5.13　欲求から要求への写像を加えたワイガヤの設計プロセス

欲求から要求への写像プロセスは要求から設計解への写像と近い形をしていると考えていいだろう。要求から設計解への写像は、機能と実体との写像（対応）関係を駆使することで実現されている。欲求から要求の写像も同様に、実現されるコトと機能との写像関係を利用することで成し遂げられると考えられよう。したがって、“実現されるコトを表す概念”を導入する必要がある。

我々はこれを“事象”と呼ぶことにする。

ルートヴィッヒ・ウィトゲンシュタインによる論理哲学論考(5-6)にも見られる、事象（正確には英訳では fact と case）によって人間の認知する世界を記述する試みを、ワイガヤを説明するための一般設計学の拡張に採り入れよう。人間が認知しうる事象を、それを成立させる人が認識するモノの機能の集合と対応づけるとしよう。そうすると、実現したい事象を欲求と置くことで、それを実現させるための機能群が要求となり、その要求された機能を満たす実体が設計解になる。このようにワイガヤでの欲求から設計解へと至るプロセスを説明できよう。では、欲求を生み出す部分はどうだろうか？そもそも欲求はどこから来るのか？それはやはり、現実に足りないコトを見つけていると考えられるのではないか。現在抱えている何らかの問題、あるいは当たり前のこととして受け入れているため問題として認識していないが、改めて問題として提起をされると確かに問題であること。こういったものが欲求を醸成する根底にあるだろう。そう考えると、現在世の中に存在する実体がどのような機能を有するのか、その機能がどのような事象を起こしているのかを観察することによって、欲求が生み出されていると言えよう。つまり、欲求の醸成は欲求から実体を生み出す行為の逆流（逆写像）と考えられるのである。

イノベーションの源流は欲求の醸成にある。それが実体から機能、機能から事象への写像であると整理がつくと、イノベーションには技術は必須ではないことが見えてくる。たとえばウォークマンを例にとると、ラジカセが「大きく」「重い」（サイズや重量に対する要求水準が低い）ために「重たい思いをしてラジカセを持ち歩いて音楽を聴いている」や「あきらめて音楽は外で聞かない」という事象が発生していることに気づき、「音楽を外に持ち歩いて聞ける」という事象が欲求になるのである。もちろんその実現には技術が必要なのだが、欲求の着想・醸成には科学的思考が必ずしも必要ではない。これは、台所から主婦によって発明がもたらされていることなどからも説明がつく（図 5.14）だろう。

図 5.14　主婦の発明を見れば技術は必須でないことがわかる

このように、ワイガヤは欲求の醸成と、醸成された欲求から設計解に至る二段階から構成されると言えよう（図 5.15）。

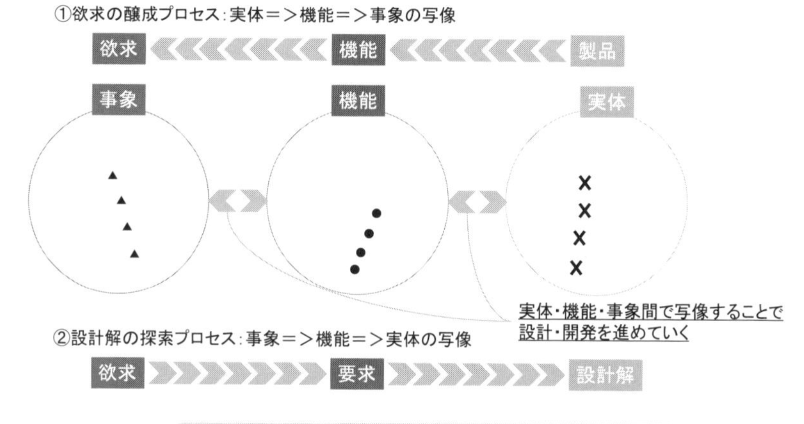

図 5.15　欲求を醸成し欲求から設計解を得るワイガヤのプロセス

ここからは、この各プロセスについて、一般設計学に基づいて説明をしていこう。

イノベーターは日曜大工である

ワイガヤによる設計では欲求の思考共通に基づき製品の要求が決定され、それに対する設計解を生み出すというステップで進んでいく。ここではまず、一般設計学でも対象としている要求から設計解を生み出すステップ（図5.16）について、そのプロセスを考察する。

①欲求の醸成プロセス：実体＝＞機能＝＞事象の写像

欲求　機能　製品

事象　機能　実体

②設計解の探索プロセス：事象＝＞機能＝＞実体の写像

欲求　要求　設計解

要求から設計解を求める

図 5.16　要求から設計解を求める

熱中者は強い「欲求」を有し、顧客価値へのこだわりを持つ。顧客にとっての価値は機能であるので、設計プロセスとしてはブリコルール型の、人にとっての価値・機能を重視した設計プロセスを採る。一方で、月ロケットは高度な専門の知識を有することから、右下の物理法則などを重視したエンジニア型の設計プロセスを採る（図 5.17）。

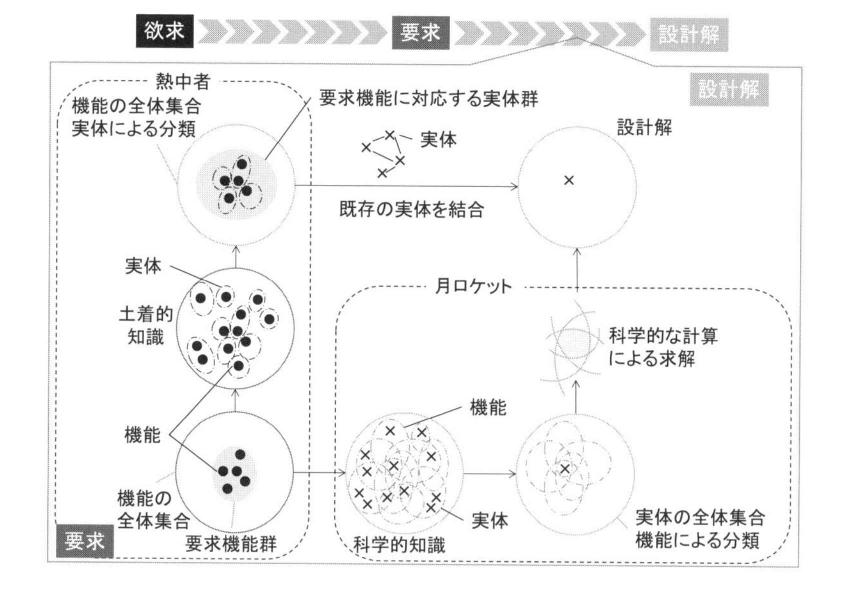

図 5.17　ワイガヤにおける要求から設計解への写像

ワイガヤでは、熱中者と月ロケットが徹底的に意見を戦わせる。時間をかけ本音で議論することで、やがて互いが納得できるアイデアが創出される。熱中者の顧客価値に基づく意見と、月ロケットの技術的な意見を対立させ、納得できるまでアイデアを出すことによって、一般設計過程のブリコルール・エンジニア２つの設計プロセスを高度に連携している（図 5.18）と考えられる。つまり、技術に傾倒し顧客の価値を軽んじることも、顧客の価値に気を取られ技術を蔑ろにすることもない。これをうまく実現する仕組みがワイガヤなのである。

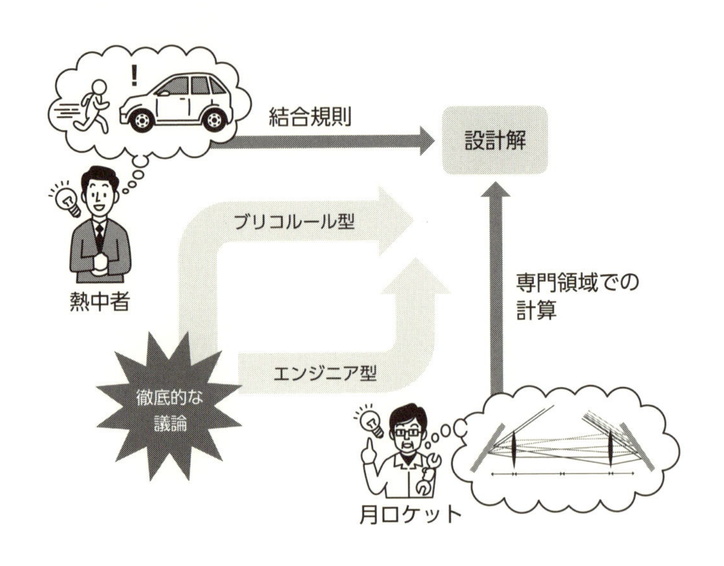

図 5.18　熱中者と月ロケットの対立（例：歩行者衝突回避）

特にブリコルール型の設計プロセスが含まれていることが、イノベーションを起こす上で重要である。例えば先の「赤い」、「食べられる」、「糖度15以上」で「野菜」のモノで考えてみるとわかりやすい。エンジニア型の設計プロセスを採る月ロケットは、過去の経験から日照時間や水やりのタイミングと量が糖度にどう影響するかを調べて、日照時間と水やりを最適化しようとするだろう。しかし、糖度の高いリンゴには蜜が入ることに着目し、トマトにも蜜が入る方法はないかという発想はエンジニア型からは出てこないだろう。この考えは科学的な知識ではなく、土着の知識と甘い野菜を食卓に届けたい欲求から来ているのである。こうした発想が、不可能と思えるような要求を実現する解を見つけ出す重要なきっかけになる。

月ロケットが熱中者の考えに納得できると、エンジニア型のプロセスにも変化が起こる。例えば、トマトに蜜を注入するとして、その量や時期、それに合わせた日照時間や水やりのコントロールを探るという新たな技術課題が生まれるのである。この技術課題を解決した先に、これまでにない製品が実現するのである。そのためには熱中者と月ロケットが本音で話し合える環境が不可欠なのである。

欲求から要求に至るプロセス（図 5.19）も、要求から設計解を求めるプロセスと同様の構造をしていると考えられる（図 5.20）。

①欲求の醸成プロセス：実体＝＞機能＝＞事象の写像

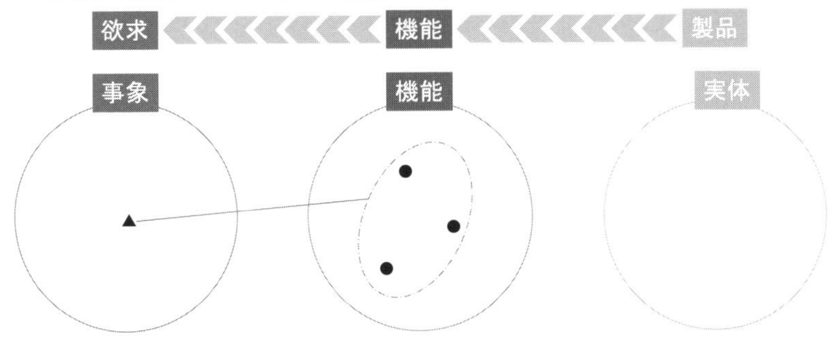

②設計解の探索プロセス：事象＝＞機能＝＞実体の写像

図 5.19　欲求から要求を求める

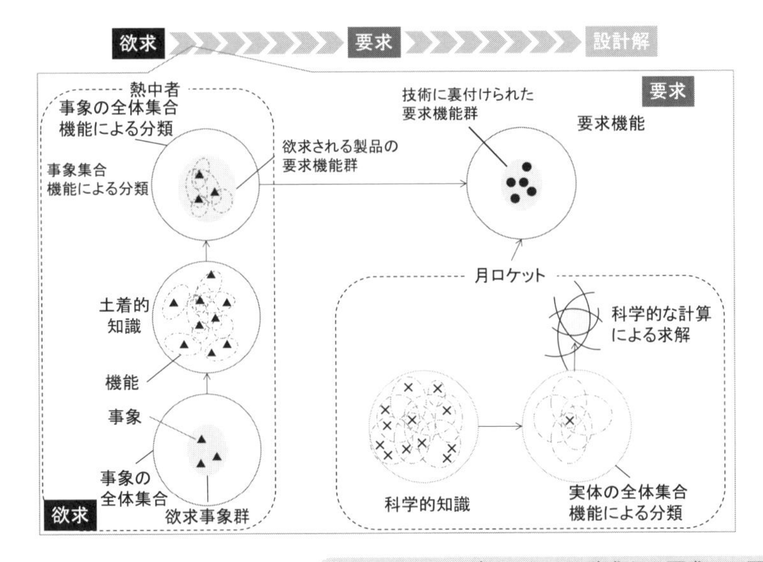

図 5.20　ワイガヤにおける欲求から要求への写像

ただし、要求から設計解を得るための知識は機能と実体の写像関係であるから、自然科学などを活用することができる。それに対し、欲求から要求への写像は今日の自然科学の範疇ではなく、社会学や人類学あるいはマーケティングサイエンスなどがそれにあたると考えられる。しかし、ワイガヤではむしろ要求の決定についても実体と機能の関係に関する知識が働いていると考えられそうである。具体的には、実体から実現できそうな機能を示し、欲求から要求される機能と突き合わせ、実現可能かつ高い要求を定めていると考えられよう。

欲求から要求を定め設計解に至る２段階のプロセスは、このようにブリコルール型プロセスを熱中者が担い、エンジニア型プロセスを月ロケットが担うことで、ブリコルール・エンジニアの両プロセスを高度に組み合わせたプロセスになっていると説明することができるだろう。

5-4 欲求とイノベーション

それでは、ワイガヤがイノベーションを生み出すその仕組みを深く考えてみよう。先にも、イノベーションの源流は欲求の醸成（図 5.21）にあり、それにはブリコルール型の考え方が必要であると述べた。それは一体どういうことなのか。

①欲求の醸成プロセス：実体＝＞機能＝＞事象の写像

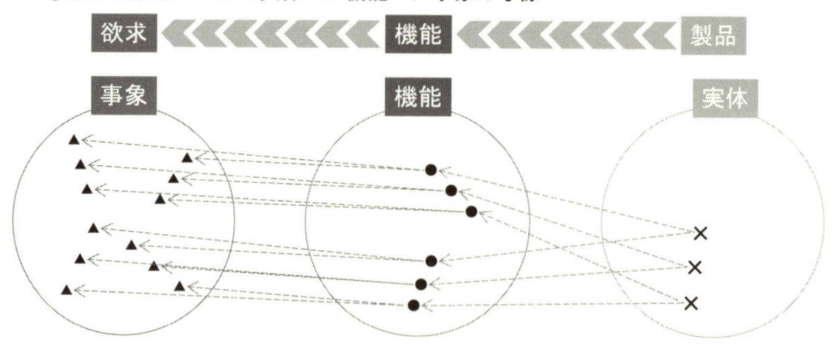

②設計解の探索プロセス：事象＝＞機能＝＞実体の写像

図 5.21　欲求を醸成する

欲求とはその製品が顧客にとって、世の中にとってどのようなモノでありたいのかを表したものである。したがって、如何に欲求を高められるかがイノベーションを起こせるかどうかの根源的な問題となるのである。欲求は実現できなければならないが、実現できる限りでなるべく高くなければいけない。

先に述べたように欲求の醸成プロセスは実体から機能、機能から事象と写像が進む（図 5.22）。技術を極めると、その技術のこれまでの発展の経緯と現在の状況がわかる。すると、その延伸として具現化できる実体を想像することができる。するとそれがもたらす機能が見えてきて、結果どのような事象を起こすことができるのかを見通すことができる。これによって欲求はただの夢物語ではなく、実現できる限りでなるべく高く設定することが可能になるのである。

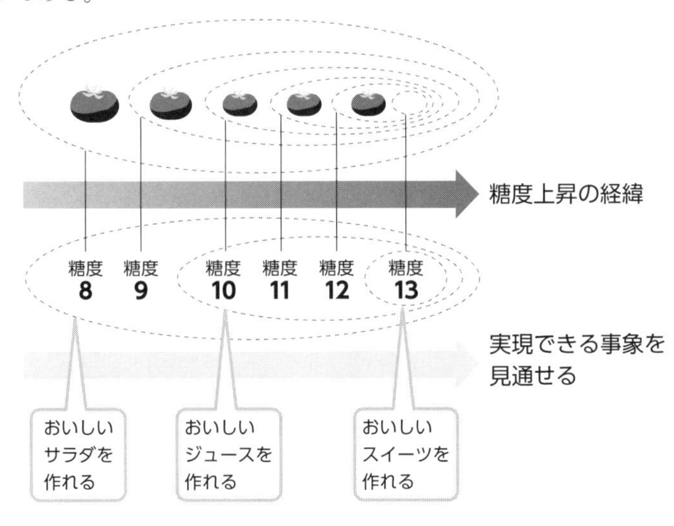

図 5.22　実体を見通すことで実現できる事象が見通せる

ただし、技術だけで欲求を決めるのではイノベーションは生まれない。それは、技術の中での最適化に過ぎなくなってしまうからである。図 5.23 には先に挙げた片持ち梁の例での延伸を表した。これでは望むたわみ d を得るための長さ l を計算できる。従って実現可能な l を予測することで実現できる d を予測できるが、たわみ量の要求できる水準を見ているに過ぎない。

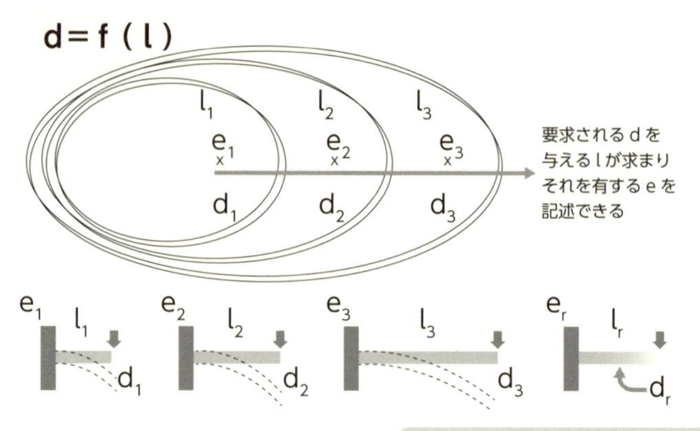

図 5.23　科学的知識のみで見る延伸

現場・現実・現物の３現主義に基づいて土着的知識を育むことで、ひらめく力となる。そのひらめきが出てくるまでひたすら議論を尽くすことと、ひらめきをきちんと技術の土壌に上げて、具現化を考えることで発明へ、そしてイノベーションへとつながっていくのである。

先に、実体を知覚するときにその意味付けを与えることで、設計のための知識を得ると説明した。その際、同じ木の枝であっても遠くのものを突く機能を知覚する場合もあれば、焚き木としての機能を知覚する場合もあることを述べた。機能と事象の写像関係についても同様に、知覚によって得られる知識であると考えよう。この場合も一つの実体に複数の機能が知覚されるように、一つの機能に対して複数の事象が知覚されうる。欲求の醸成ではこの実体から機能そして事象への写像を知識として用いる。従ってモノの機能に関する知識、機能のもたらす事象に関する知識、つまり土着の知識が多いほど延伸が多元的に広がっていくことになるのが理解できるだろう。そうして広がった事象の延伸の中には、セレンディピティによって得られるような解が含まれる確度が上がっていくのである。そしてどういった事象の延伸を欲求として設定できるかがポイントになる。すると、どの事象に着目し、延伸を探るのかという部分に設計者達の意思が入る。欲求はこれまで世にない価値をもたらすものでないといけない。つまり、新しい事象を生み出すためにひらめきが必要になるのである。こうしたひらめきにつながる知識の土壌は、土着の知識を豊かにすることで得られると考えられるのである。

5-5 思考共通とイノベーション

ここまで、ワイガヤによる設計プロセスの概形について理論的解釈と考察を行ってきた。ここからは、なぜ集団で行うことでイノベーティブなひらめきが起きるのか、その詳細を紐解いていこう。

まず、思考共通について考えてみよう。思考共通は設計目標の共有である。一般設計学では、人間にとっての価値を有する機能的側面による知識の構造化が設計解を選別するフィルタとなる。ワイガヤにはそれぞれに専門の知識を有する技術者たちが集まるため、先述のように技術者間で知識の部分構造は異なる。異なる部分構造の持ち方を理解し、それらを練り合わせていくことで、設計対象の価値が定義され、これが設計目標となる。

例えば、先の例では断りもなしにトマトを野菜として扱っているが、これは一つの捉え方に過ぎない。違う人はトマトを野菜ではなく果物として認識しているだろう。するとここで議論が起こる（図 5.24）。野菜派からはトマトはサラダに入っているから、ピザやパスタに使われて食事に出てくるから、野菜売り場に売っているから、野菜であるという意見が出る。果物派からは、甘いから、植物が成す成果物だから、ジュースにするから、果物であるという意見が出てくる。するとトマトというモノ（実体）が持つ機能の概念が膨らんでいくのである。

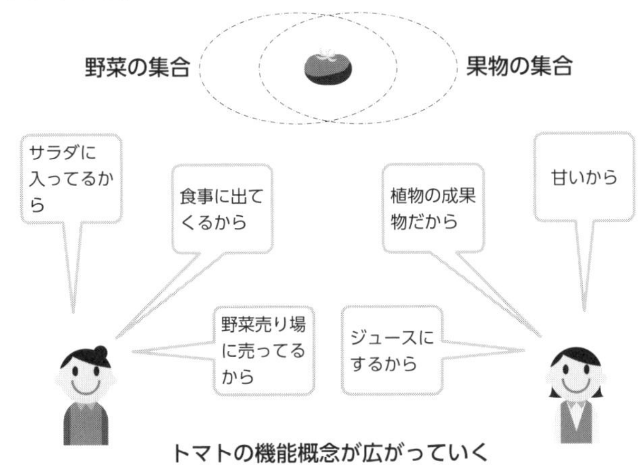

図 5.24　機能概念の広がり

技術者の知識の部分集合化には顧客視点での機能以外にも、物理的・技術的な意味による部分集合化や経済的意味による部分集合化なども含まれている。「ワイガヤ」では、顧客価値に基づいて議論するため、時間の経過に伴い、技術的あるいは経済的な意味はやがて淘汰され、顧客主義の価値に収束していく。

思考共通の作用を一般設計学のモノの集合という視点で捉えてみよう。便宜上ここではA氏とB氏の二人の技術者を例に考える（図5.25）。両者は部分的に近しい知識を有している箇所もあれば、全く異なる領域にそれぞれが固有に有している知識もある。また機能などの部分集合のくくり方、つまりモノの意味付けについても同様に近しい箇所と異なる箇所とがある。この両者が自身の知識を十分に議論の俎上に上げることで、互いの知識・価値構造を理解し、自身の知識として扱えるようになっていく。またこの時に「安く作れる」などの会社や自分都合の価値・機能は淘汰され「維持費が安い」など顧客視点へのシフトが起きる。

知識が増えることで、設計プロセスの中で実現したい機能や事象、設計解を探すことができる延伸が広がる。さらに顧客視点へのシフトによって、これらの延伸は顧客にとっての価値の延伸となる。

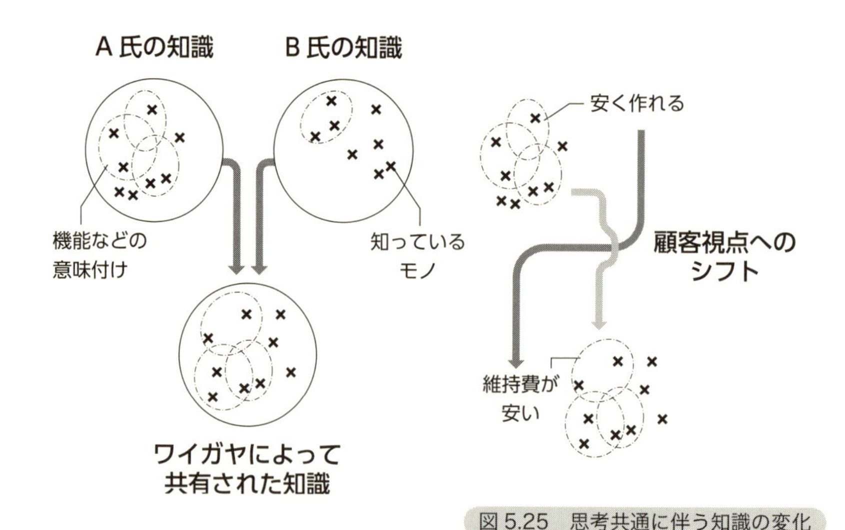

図5.25　思考共通に伴う知識の変化

つまり、思考共通には土着の知識を多くしているという側面がある。土着の知識が増えれば増えるほど探索できる延伸はひろがり、イノベーティブな解にたどり着く確度は上がるわけである。さらに3現主義に基づいて顧客価値にシフトすることで、ただやみくもに延伸を広げているわけではなく、顧客価値に立脚した延伸を積極的に探索しようとしていることがわかってくる。

それでは､延伸が多元的に広がることでどのように解空間が広がるのかを、トランプになぞらえて考えてみよう。まずトランプというもの自体を全く知らない状況を想定する。そして、何人かの人間がトランプのカードの一部を拾ったとしよう。これが実体概念（モノ）である。この時点で、トランプのカードとして何が存在するのかを個々人が少しずつ知っているが、全札を把握している人はいない。とある人はダイヤの3と6を持っていたとする（図5.26）。するとこの人は4や5はありそうだと思うだろう。3より小さい数があってもおかしくない。1はあるだろうか、0はあるのかあるいはマイナスの数まで続くのか。また、3.5はあるのか、3.1はどうか、3.001は？ 6以上もあるかもしれない。こうした発想が生まれるだろう。この3と6から、4や5あるいは2や7、あるいは小数や負の数までを想起するのが延伸である。

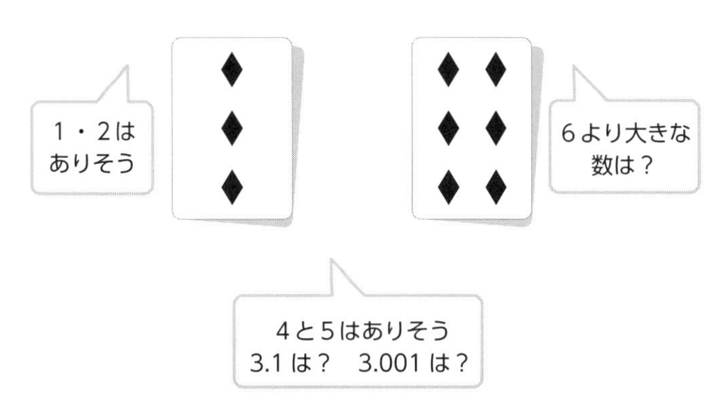

図5.26　延伸による発想① ダイヤの3と6だけ知っていた場合

ではそこにハートの9を持った人が現れる（図5.27）。すると7と8はありそうで、小数はないのかもしれない。さらにダイヤ・ハート以外にも何か柄があるのか、数字によって柄は決まっているのかダイヤにも９があるのか？このように発想が広がる。ここでは新たにダイヤとハートから見えてくるそれ以外の柄の存在を想起するという新しい延伸が獲得されている。

ハートという異なる属性を有するモノを知覚したことで、ダイヤの大きな数を探索する延伸、ハートの数字を探索する延伸、ハート・ダイヤ以外の柄を探す延伸と、多元的に延伸が広がっていることがわかるだろう。

このように、知識が増えることで探索できる延伸はより大きく広がっていくのである。また逆に、ここまでに小数が出ていないという事実は、小数を探るという延伸が有効ではないかもしれないことを示唆している。このように、知識を増やすと延伸が広がり探索空間が広がるだけでなく、探索すべき延伸に優先付けを与える事にもなる。

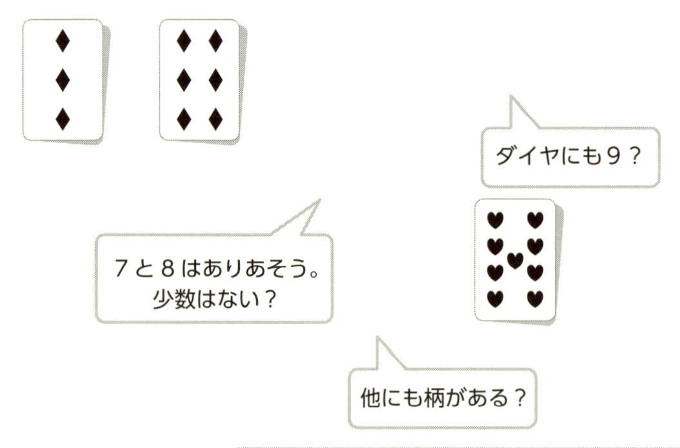

図 5.27　延伸による発想② ハートの９が加わった場合

さらにスペードの６とＪを持った人が現れる（図 5.28）。するとハートにも６がありそうだ。数字以外がほかにもあるのではないか？男性がいれば女性もいるか？赤い札が２種類ならば黒い札も２種類か？それとも柄も色ももっとあるのか？どうやら各柄にそれぞれ同じ数字の札がありそうだ。とさらに発想が広がっていくのである。

このスペードのＪはこれまでに出てきた他のモノと大きく違った属性を有している。数字ではないし、色も違う。さらには性別まで認知できる。これによって一気に延伸が広がりを見せているのがわかる。

このように他と大きく違ったモノに関する知識があると、延伸がより大きな広がりを見せる。ワイガヤでは様々な分野の専門家が集まって議論をすることで、延伸の拡大が起こりやすい状況を作っていると考えられるだろう。

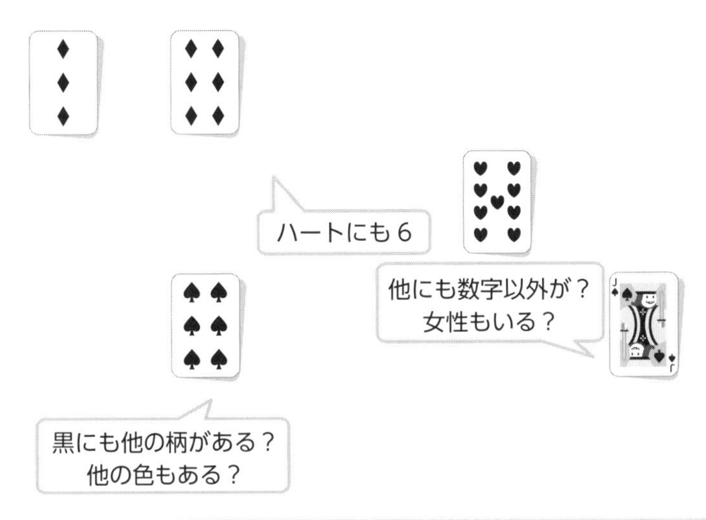

図 5.28　延伸による発想③ スペードの６とＪが加わった場合

延伸が増え、探索できる空間が広がるということは、思ってもいなかった解に至る確度が上がるということである。つまり、ワイガヤでは高度な知識を持った人が多く集まり、その知識をきちんと表出することで、セレンディピティのような解に行きつく必然性を向上していると考えることができよう。

5-6 シビックの開発例に対する説明

ここまでの理論的解釈に沿って、シビックの開発を見てみよう。ただし、シビック開発当時のことは完全にはわからないので、ここからの話の一部は、こういったことがあったのではないかという想像に基づいていることに留意されたい。

まず欲求の醸成から見てみよう。月ロケットは今までの開発の経緯から、エンジンに対しての知識を有している。エンジンに対して出力の尺度による意味づけと、サイズの尺度による意味づけという知識の構造化（部分集合化）

が行われていたはずである。サイズを大きくしながら出力が上がっていった経緯があるが、出力に対してサイズがさほど大きくはならないことに気がついたとすれば、出力の向上のための効率向上技術を逆に小型化に利用できると気づく（図 5.29）。これは、出力とサイズから想起される多元的な延伸である。すると、出力のあるエンジンが実現できる誇れる走りと、小さなエンジンが実現できる広い室内空間を両立した、「コンパクトだけど室内空間が広く、持っていることにプライドを持つ」という事象が成立することが見えてくるのである。そしてこれがシビックの欲求として掲げられる。

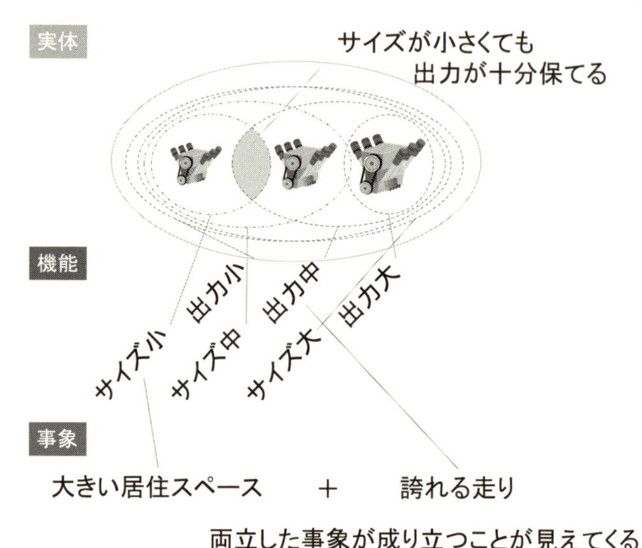

図 5.29　これまでのエンジン開発の経緯から出力を保った小型化が見えてくる

欲求が醸成されたところで、要求の定義に入る。ここではエンジンに対する要求を取り上げてみよう（図 5.30）。熱中者はプライドを持てる走りへのこだわりがある。すると、例えば 1.2L で 100PS を小さいサイズで実現しようと考えるかもしれない。しかし、月ロケットはそのサイズではその出力は出せないと反発する。議論を続ける中で、車体重量を落とせば馬力は落としても、いい走りは出せるということに議論が向かう。そこでエンジンをより小型化できれば、ラジエータなどの付随する装備も小さくでき、その結果シャシも軽量化できるということになる。その結果、1.2L、60PS でより小さくすることが要求として定まるといったことが起きる。

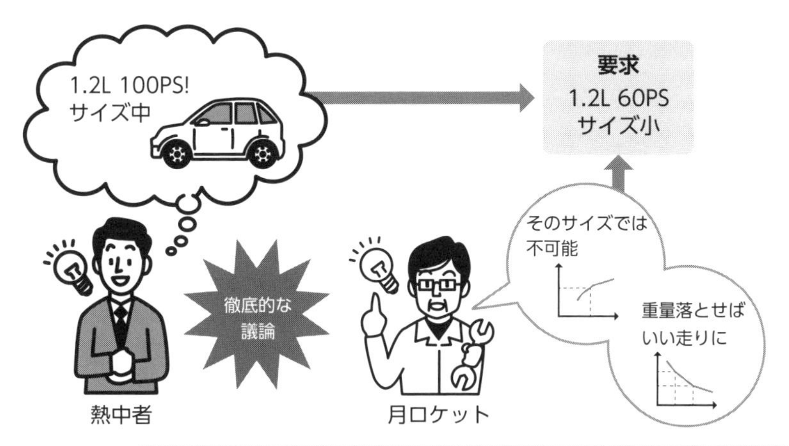

図 5.30　エンジンサイズを巡って熱中者と月ロケットの徹底した議論

こうした要求を定めるにあたって、エンジンに対する多角的な見方が示された点（図 5.31）に注意してほしい。エンジンをいい走りを実現するためのモノと捉える視点だけでなく、エンジンのサイズに対する視点、さらにはエンジンが車体重量に影響するという視点。これらの視点の議論が同時になされることで、皆が納得できる高い水準の要求を設定することができたのである。

これも、知識が多く議論の場に表出したことで見えた多元的な延伸の例である。このように、一見実現不可能そうな欲求であっても延伸が広がり探索する解空間が広がることで、実現可能な解が見えてくるのである。このようにワイガヤはセレンディピティのような解に行きつくことを、必然に近づけようとする仕組みなのである。

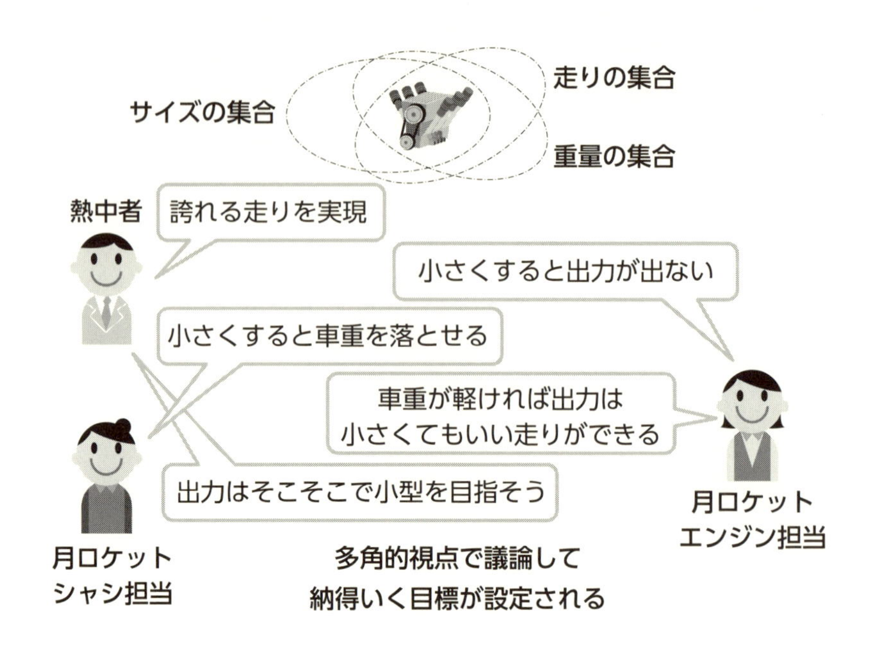

図 5.31　専門家の多角的議論によって小型化に至った

このようにして要求が定義されれば、それが個別の技術開発課題に落とし込める。例えばエンジンでは、重量が云々、体積が云々で、1.2l、60PS を実現することが要求であり、小型化しても出力を保つことが技術課題となる。この時点で欲求とそれを実現するための要求は定まっているため、後はこの技術課題をクリアできれば、これまでにないイノベーティブな車が完成する状況ができあがっていたのである。

このように知識を増やし延伸を広げることで、セレンディピティのような解に行きつく確度は向上する。ワイガヤは専門家を招集したり、本音で議論が行われるまで時間をかけたりすることで、議論の俎上に上がる知識を増やしていると捉えることができる。すなわちセレンディピティを必然へと近づける仕組みなのだと理解できるだろう。

参考文献

[5-1] 吉川弘之, 一般設計学序説, 精密機械, Vol. 45, No. 8, pp. 906-912, (1979)
[5-2] 吉川弘之, 一般設計学, 機械の研究, Vol. 37, No. 1, pp. 108-116, (1985)
[5-3] 吉川弘之, 一般設計過程, 精密機械, Vol. 47, No. 4, pp. 405-410, (1981)
[5-4] 吉川弘之, 一般設計過学と閃き, 日本機械学会　設計工学・システム部門講習会【閃きとそれを具現化する創造的設計手法の紹介】, 2015/5/14
[5-5] Claude Lévi-Strauss, La Pensée sauvage, Presses Pocket, (1962), {日本語版：クロード・レヴィ＝ストロース, 大橋保夫（訳), 野生の思考, みすず書房, (1976)}
[5-6] Ludwig Wittgenstein, Logisch-Philosophische Abhandlung, in Wilhelm Ostwald (ed.), Annalen der Naturphilosophie vol. 14, (1921), {英語訳版：Ludwig Wittgenstein, Frank P. Ramsey and Charles Kay Ogden (Translated), Tractatus Logico-Philosophicus, Kegan Paul, (1922)}, {日本語版：ウィトゲンシュタイン, 野矢 茂樹（訳), 論理哲学論考, 岩波書店, (2003)}

ワイガヤの特徴：デザイン・シンキングとの比較からの理解

より多くの人に集団創造活動であるワイガヤを実践してもらいたい。この思いから、ワイガヤへの理解を深めてもらうために、本書はワイガヤを説明してきた。一方で、世界的には、デザイン・シンキング（デザイン思考）がイノベーションを生み出す方法として注目を集めている。デザイン・シンキングもワイガヤと同様に、集団創造活動であり、洗練された手法には定評がある。デザイン・シンキングとワイガヤとは、同じ創造方法なのか？違う方法なのか？本章では、デザイン・シンキングとワイガヤとの比較をしてみたい。まず、デザイン・シンキングの考え方とその代表的な手法・ツールの概要を紹介する。それと共に、これまで説明してきたワイガヤとの対応について示していこう。デザイン・シンキングとワイガヤとの比較をすることによって、ワイガヤの特徴がより鮮明に理解してもらえるだろう。

6-1 デザイン・シンキング

デザイン・シンキングは「デザイン思考」と訳される。最近では多くの書籍やウェブページでデザイン・シンキング（デザイン思考）が紹介されている。デザイン・シンキングは、優秀でクリエイティブなデザイナの思考法を真似る(6-1)ことで、今までとは異なる新しい発想を生み出すことを期待して導入する手法である。新しい問題を発見してゼロベースから発想するのに向いている手法として評価され、ソニーやNEC、日立製作所などの日本の大手企業が注目し、新しい商品だけでなく、魅力的なサービスの創造を狙って導入、実践している。製造業だけでなく、ボストンコンサルティンググループやアクセンチュアといったコンサルタント会社も、デザイン・シンキングの手法に強い関心を寄せている。デザイン・シンキングは、デザインコンサルティングファームIDEOによって提唱された。このIDEOの株を広告代理店の博報堂が30%取得したことは驚きのニュースとなり、その注目度の高さが示されたと言えよう。CEOのティム・ブラウンは、デザイン・シンキングについて次のように語っている。「デザイン・シンキングとは、イノベーションを生み出す、人を中核としたアプローチである。人々のニーズ、テクノロジーの可能性、ビジネスとしての成功をひとつに組合せるデザイナの手法から導き出されたものである」（引用：ティム・ブラウン、Why Design

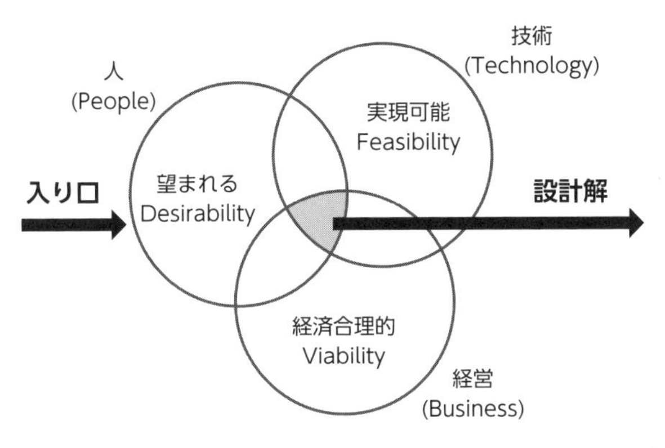

（参考：ティム・ブラウン、Why Design Thinking、https://www.ideou.com/pages/design-thinking）

図 6.1　IDEO が示したデザイン・シンキング

Thinking、https://www.ideou.com/pages/design-thinking）。

図 6.1 は、IDEO が示したデザイン・シンキングでのデザインの視点を示している(6-1),(6-2)。この図は、デザイン・シンキングが People/Technology/Business の三つの視点からデザインを進めることを示している。これは人（People）が望む（Desirable）モノ、技術的（Technology）に実現可能な（Feasiblity）モノ、経済的に（Business）成り立つ（Viable）モノを一つにするということを示している。ワイガヤでも同じような議論をしていると考えることができる。ワイガヤでは熱中者と月ロケットの存在が重要であることを述べてきたが、この図の中で、People を熱中者の視点、Technology を月ロケットの視点として置き換えて考えてみると、ワイガヤの考え方はデザイン・シンキングの根底にある考え方と共通した考え方をベースとしていることが理解できる。デザイン・シンキング的にワイガヤを解釈すると、熱中者は未来の顧客の代弁者であり、月ロケットは具現化の難易度が想定できるエンジニアであるということができる。だからワイガヤでは、未来社会の確実な具現化に向けて、熱中者と月ロケットは対立するのである。この対立と納得によって気づき・ひらめきがもたらされ、イノベーションが生まれる。「発明」と「パラダイムシフト」である。このように、人にとっての本当の価値と適切な技術とを高度に連携することの大切さと実践についてはワイガヤもデザイン・シンキングも共通している。

本書では、イノベーションは、「発明」と「パラダイムシフト」、および普及させるための活動としての「訴求」の3大要素が必要不可欠であると述べてきた（図1.3　参照)。ここで「訴求」について考えてみると、デザイン・シンキングでのビジネス、つまりは事業性が関係する。企業としてモノを作り利益を上げるためには、事業性は当然考慮する必要がある。これと同様に、ワイガヤでも事業性の視点からでも議論を進めるが、ワイガヤの特徴である「欲求の醸成」を実現するために、企業の事業性よりも未来社会の実現をより強く重視する。

6-2 デザイン・シンキング7つの心構え

デザイン・シンキングは様々な大学で教えられるようになったが、IDEOの創設者であるデビット・ケリーが開設したスタンフォード大学のd.schoolが起源である。d.schoolではデザイン・シンキングのために様々な参考資料が用意されているが、その中の一つ「bootcamp bootleg」[6-3]の中に、デザイン・シンキングにおける以下の7つの心構えが示されている。

▶言うのではなく見せる

言葉で伝えるのではなく視覚に訴えるようにする

▶人の価値観に焦点を当てる

使う人への共感と使う人からのフィードバックが良いデザインの土台

▶明快な仕事

一つの一貫したビジョンを作り出し、人を感動させる

▶素早く形にする

検証のためだけでなく、考え、学ぶために早く形にする

▶過程に注意

プロセスのどの段階にいるか注意を払い、そこですべきことに集中する

▶行動第一

会議や思考ではなく、実際に行動して成果を出す

▶徹底的な協働

様々な見方を持つ人々と協働することで、すぐれた解決策へと導く

このように見てみると、デザイン・シンキングとワイガヤの理念はかなり近いということが理解できるだろう。「言うのではなく見せる」は３現主義に、「人の価値観に焦点を当てる」は欲求に、「明快な仕事」は思考共通に、「素早く形にする」は「やってみよう」の精神に、「行動第一」は結果が出るまでやり続ける姿勢に、「徹底的な協働」は様々な専門を持つ月ロケットが参加することにと言った具合に、それぞれ対応をつけることができる。

違いとして見られるのは「過程に注意」についてであろう。デザイン・シンキングは、次に説明する５つのステップを明示しているのに対して、ワイガヤでは、議論のスタイルは示されているが、ワイガヤの過程については示されてはいない。ワイガヤを紹介する書籍は多くあるが、ワイガヤの過程について議論しているものは見当たらない。また「徹底的な協働」についても違いを見つけることができる。様々な専門家を集めて集団で行うということでは一致しているが、ワイガヤでは熱中者と月ロケットが対立して意見をぶつけ合うことが述べられている。それに対して、デザイン・シンキングでは「協働」において参加者の対立を明示的に活用しているとは言われていない。システム×デザイン思考では、6-7（4）で紹介しているバリューグラフという手法を活用することで、対立する意見を持っている人たちの合意できる共通的な価値を作り上げることを行う。

6-3 デザイン・シンキングの５つのステップ

スタンフォード大学の d.school で教えられているデザイン・シンキングのプロセス(6-3)は、図 6.2 に示すように全体を大きく５つのステップに整理している。それぞれのステップで、様々な手法が実施され、集団的創造活動が展開される。

①共感（Empathize）：ユーザにインタビューしたり、行動観察を行ったりしながら、相手に「共感」し、情報収集を行うステップ。

②問題定義（Define）：共感に基づいて、潜在的ニーズを探り、解決すべき「問題」を「定義」するステップ。

③創造（Ideate）：問題を解決するためのアイデア出しを行い、発散思考でアイデアを「創造」するステップ。

④プロトタイプ（Prototype）：創造したアイデアを、「プロトタイプ」という目に見える形で作成、実現するステップ。
⑤テスト（Test）：プロトタイプを用いて「テスト」し、ユーザの反応を観察するステップ。

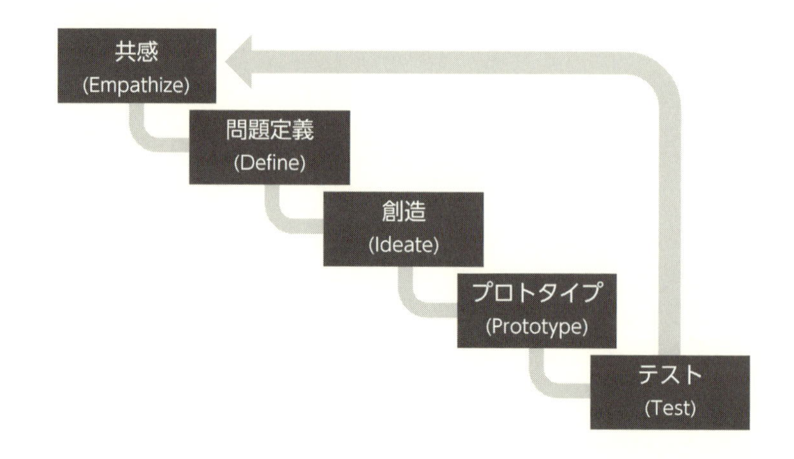

図 6.2　デザイン・シンキングの5ステップ

上記のプロセスの中で、3の「創造（Ideate)」のステップから5の「テスト（Test)」のステップを何度も何度も繰り返して実行することで、短期間に挑戦と失敗とを何回も繰り返すことができる。この繰り返しによって、少しずつユーザが求める商品に近づけていくことができる。この挑戦と失敗の繰り返しがデザイン・シンキングで最も重要視されている。有名な逸話として、iPod は約2ヶ月で 100 以上のプロトタイプが作成され、任天堂 Wii は 1000 回以上のプロトタイプが作成されたと言われている。ワイガヤにおいても挑戦と失敗の繰り返しは重要視されている。「やってみる」の精神は重視されるし、3現主義の「現物」は、実際のモノを通して考えることを求めており、デザイン・シンキングにおけるプロトタイプを通じたテストをして繰り返すという考えは一致している。

デザイン・シンキングに比べて、「ワイガヤ」は、議論に多くの時間をとり、対立を基盤とする徹底的な議論を推奨している。この議論の中では、対立があるが故に具体的な、分かりやすい説明が求められ、参加者の頭の中でプロトタイプが行われていると言っても過言ではない。別の表現では、熱中者と月ロケットが対立する上で、双方のプロトタイプ（思考空間）を示すことは重要であり、何度も何度もプロトタイプが作られている。この思考空間のプロトタイプを実現するためには思考共通が重要である。議論が尽き、具体的で詳細な部分を詰めることを目的に実空間のプロトタイプが作られることになる。

Empathize（理解と共感）：欲求の醸成のために

ティム・ブラウンが述べたように、デザイン・シンキングは、人間（ユーザ）を中心にして発想することに特徴がある。その特徴的なステップがEmpathize（理解と共感）である。ユーザがどのような行動をし、どのような考え方をするのか、さらには、どのような感情を示すのか、などを詳細に観察する重要性が語られている。観察だけでなく、必要に応じてインタビューすることによって本質的に何が求められているのかを具体的に把握することが、発想の起点となる。誰がそのプロダクトを使うのか？何故それを使いたがるのか？どのようなシーンで使うのか？また、いつ使うのか？という内容を具体的に観察し、洞察することによって、ユーザの感情や価値観を理解し、共感を深める。

デザイン・シンキングのプロセスでは、実際にサービス・プロダクトを受け取るユーザを理解・共感し、あたかも自分のことかのように考えられるようになることを経て、潜在的なニーズを掘り起こす。ワイガヤにおいても同様な議論があり、３現主義での現場、現実を重要視する姿勢は、デザイン・シンキングでの「Empathize（理解と共感）」と同じであるといっても良い。ワイガヤの議論では思考共通に基づく、自他非分離の場について述べられている。この状態がEmpathizeできた状態と言えるだろう。相手を理解するだけでは不十分で、自分のことのように考えられるようになるというレベルを求められているのである。それは、自分自身がそのモノを使う立場にならなければ新しいものは考えられないからである。ヘンリー・フォードの有名な言葉がある。

"If I had asked people what they wanted, they would have said: faster horses…"
「ユーザに対して何が欲しいかを聞いていたら、恐らく速い馬と答えていただろう」

この言葉は、単純に「何が欲しいか」を質問したら、ユーザが想像できる範囲での答しか返ってこないということである。自動車がない時代、人々は馬車に乗っている。だから、馬車の速度を上げるためには、速い馬が必要であると考えてしまうのである。ユーザが欲しい物で、革新的なものを作るためには、潜在的な需要を見抜き、ヘンリー・フォードが「自動車」を発想したような思考展開が大切である。デザイン・シンキングでは、ユーザ自身が気づいていないニーズを掘り起こすのが "Empathize" プロセスの役割である。馬車ではなく、速く移動できることがニーズであることに気づくことが重要なのである。

「自動車がない時代において、人々は馬車に乗るのが常識である」という既成概念や固定観念（先入観）を取り払うことに注力することは重要である。すなわち、「速く移動できること」という機能を炙り出すのである。ワイガヤでは、これを実現するために熱中者と月ロケットの対立をうまく利用し、欲求が醸成される。この醸成された欲求から要求が抽出される。

デザイン・シンキングの「Empathize（理解と共感）」のステップは、ワイガヤにおける思考共通と共通する考えが多く、３現主義の「現場」を重視する姿勢にも、ユーザを理解することが含まれている。

6-5 Define（問題定義）：欲求の醸成、そして要求定義へ

Empathizeのステップで共感して発見した説得力のあるインサイトやニーズを分解・統合し、デザインゴールを設定することで、後続するステップであるIdeate（創造）／Prototype（プロトタイプ）／Test（テスト）において、具体的で意味のある挑戦を選び出す行為である。解決すべき問題が何であるか、明確に示すステップである。ワイガヤでは、欲求を醸成するステップから開発が始まる。デザイン・シンキングでは、このDefine（問題定義）

のステップがそれに相当するだろう。

ワイガヤでは、熱中者を中心に欲求を高め、その欲求を共有することで思考共通することが重要である。この過程では、熱中者がユーザの代弁者として問題が宣言され、その問題を共感するレベルまで深めていくことによって実現される。つまり、欲求を理解し、その欲求を実現するために思考の共通化が実現される。あたかもユーザのように考えられるようになることで、開発が進んでいく中での思考の方向性が、チームの中でそろうということである。革新的な解決策は、人間行動の中に潜む最良のインサイトから生まれる。しかしながら、私たちの脳は先入観や偏見などによって無意識に多くの情報を排除しているため、インサイトや発見は想像よりも難しい。集団でワイガヤすることによって、自分が持つ目以外の目で物事を見ることが重要となる。後述するデザイン・シンキングのツールは、新しい目を与えてくれる。こうしたツール類はワイガヤにおいても同様に使えるものであろう。

ワイガヤでは、欲求が醸成され、思考共通がなされると、具体的な要求を絞り出していくステップに入る。共通化された欲求に対して、専門家である月ロケットと、欲求をどうしても実現したい熱中者との厳しい対立が展開され、この対立によって要求が具体化される。ここで技術課題が明らかになる。したがって、この要求の定義までがデザイン・シンキングでの「Define（問題定義）」に相当するだろう。

ワイガヤにおける熱中者が実行するブリコルールのプロセスと、月ロケットが実行するエンジニアのプロセスのインタラクションによって、要求が定義される。熱中者と月ロケットが対立をする点は、デザイン・シンキングと比較してユニークな点だろう。ワイガヤでは、高い欲求を実現するために、対立によって実現できるギリギリのところまで要求を突き詰めるということを行っている。

6-6 Ideate（創造）／Prototype（プロトタイプ）／Test（テスト）：要求から創造へ

「Define（問題定義）」のステップによって解決すべき問題が明確にされる。その後続ステップである「Ideate（創造）」は、その問題を解決する様々なアイデアの創出に焦点を置いたステップである。このステップでは、大量のアイデアと多様なアイデアの両方を探り、解決案を見つけることが重要である。アイデアの創出とあわせてプロトタイプからテストまでが行われ、具体的な解決案が検討される。これらの活動では、コンセプトを「押し広げる」「拡大する」ことが重要であり、そのため発想を広げている間は評価を行わず先送りする。また、ここで解を絞り込みすぎずに、後続のステップである「Prototype（プロトタイプ）」と「Test（テスト）」に移行する。次の「Prototype（プロトタイプ）」では、「Ideate（創造）」で出てきたアイデアを実際にモノにして、「Test（テスト）」のステップでアイデアをプロトタイプによって評価する。

(1) Ideate（創造）

問題を特定するプロセスから、解決策を探索するプロセスへ移行する最初のステップが「Ideate（創造）」である。アイデア創造のためには、アイデアを創出している時、アイデアを評価している時を意識して実行することが原則である。アイデアを創出する時にアイデアの評価も同時にしてしまうことが多々見受けられる。すると、せっかくのアイデアも勝手に評価されて表出せず。結果、それを足掛かりしてに出るような優れたアイデアが生まれる機会も奪ってしまいかねない。アイデアの創出と評価の段階を分けることで、アイデアの創出を効果的に行うことができる。

(2) Prototype（プロトタイプ）

一般的には、プロトタイプは機能を試す方法とみなされがちである。しかし、プロトタイプの作成は問題やユーザに対する理解を深めるための方法として位置づけられている。実際に触れるプロトタイプを作ることで、次の「Test（テスト）」のステップでより現実に近い状況で、前の「Ideate（創造）」で創出されたアイデアを評価できるようにすることが目的となる。ここで気をつけることは、早い段階からプロトタイプの完成度にこだわりすぎてはいけないということである。「Ideate（創造）」・「Protopype（プロトタイプ）」・「Test（テスト）」のプロセスは何度もフィードバックループを回すことでより良い解決策を探っていくので、初期には様々なアイデアを素早くプロトタイプすることに意識を向けるべきである。

(3) Test（テスト）

このステップでは、前の「Prototype（プロトタイプ）」のステップで作られたものを使って、「Ideate（創造）」のステップで出てきたアイデアを評価する。「Test（テスト）」はより現実の製品の使用に近い環境で行うことが推奨されている。

デザイン・シンキングではこのステップが最後のステップとなるが、この五つのステップは繰り返されることに注意しなければならない。つまりこの「Test（テスト）」のステップの結果、各ステップに戻るフィードバックが起きるということである。現在のプロトタイプで評価が難しければ、より良いプロトタイプを作成する必要性が明確になるし、アイデアに欠陥が見つかることもある。また、新しいものをユーザ相手に現実に近い状況で試すため、今までの製品の使用からは見つからなかった行動原理や価値観に遭遇することもある。テストはアイデアの評価とブラッシュアップだけでなく、時として予期せぬインサイトをもたらすこともある。

ワイガヤでは、3現主義が重要視される。現物に基づいて議論することが原則となっているのである。これはアイデアをアイデアのまま評価せずに、そのアイデアが未来社会にどのようなパラダイムシフトを起こせるかを想定することが重要視される。また、実際にその製品が使われる状況やライフスタイルを提案することも重要視される。さらに、ワイガヤにおいて「やってみる」ことが重視されるのは、既成概念や固定観念の殻の中から抜け出し新たな発見に目を向けるためである。

ただし、d.schoolもここに紹介したプロセスを単に実施するのではダメであり、どのようにデザインワークを実施するのかを自らデザインして実施する必要があると述べていることは知っておく必要がある。

6-7 デザイン・シンキングで使われる手法

デザイン・シンキングのプロセスにおける5つのステップに対して、特徴を述べながらワイガヤとの関連を示した。デザイン・シンキングでは、集団創造活動を効果的に実行するために様々な手法、ツールが提案され、利用されている。本節では、慶應SDMが発行した「システム×デザイン思考で世界を変える」[6-4]で取り上げられた手法、ツールをいくつか紹介すると共に、ワイガヤへの適応の可能性を考えていこう。

(1) ブレインストーミング

ブレインストーミングは発想法の定番として多くの人がやったことがある、少なくとも聞いたことがある手法であろう。模造紙にアイデアを書いた付箋をどんどんと貼っていく方法である。効果的にアイデアを広げるためにいくつかの指針やルールがある。まず、質よりも量を重視するということである。

良いアイデアを出そうと考えずに、とにかくいっぱいアイデアを出すのである。そして他人のアイデアに乗っかって広げるのである。より多くのアイデアの創造を促すために、意識的にポジティブなフィードバックをすることで場を盛り上げることも重要である。こうすることで、参加者がアイデアを口にしやすくなる。そして、アイデアを評価してはいけない。これは自分のアイデアであろうが他人のアイデアであろうが同じである。15分から30分くらいの限られた時間の間、評価は置いておくのである。発想と評価では脳の活動する部分が異なる。発想に注力するために、他の部分には黙っておいてもらうのである。このように他人のアイデアに乗っかりながら連想を行うことで、思考を発散させ、より広いアイデアの探索を可能にする（図6.3）。

ブレインストーミングでは、一つのアイデアから別のアイデアを連想し、既成概念を突破するところに意義がある。参加者の多様性を活かして一人では到達し得ないようなアイデアまで発想を広げることが可能となる。このように、アイデアを発想する範囲を広げることでイノベーションに近づくための手法である。ブレインストーミングは、ユーザの行動・価値観を理解し、共感したい場面や、問題を定義したい場面、解決策を発想したい場面など様々な場面で利用できる。ワイガヤにおいても、アイデアを膨らませる局面は存在する。しかし、ブレインストーミングでは比較的短い時間を区切って評価を行わずにアイデアを多く出すのに対して、ワイガヤの基本的な姿勢は、時間を区切らずに延々と議論をし、批判も歓迎というものである。こうした違いから、ワイガヤでのブレインストーミングの利用は十分に注意して行う必要があると言えそうだ。

図 6.3 ブレインストーミングの進め方

（2） 2 軸図（2 × 2、ツー・バイ・ツー）

ブレインストーミングを利用すると、集団で発想を行ったことの効用により、大量で多様なアイデアをはじめとした様々な情報を収集することができる。これらの情報を有効活用し、思考の展開を効果的に進める手法として 2 軸図が提案されている。2 軸図は思考に対する補助線として縦軸と横軸をつくり、手持ちの情報を 2 つの軸で整理・分類する（図 6.4）ことによって、情報の位置関係を認知し、相対的な意味を可視化するツールである。集団で可視化しながら整理・分類することで、インサイトを抽出したり、創造的な解空間の存在を認識したりすることができる協創ツールとして定評がある。

ワイガヤにおいても、2軸図は有効であろう。2つの軸を導入するというのは、一般設計学で言うと、例えば機能視点に基づく分類を二つ組み合わせることに相当する。するそこにはAであってBである、AであってBでない、AでなくてBである、AでなくてBでないの4つの分類が現れる。これが新しい解空間を与えてくれる可能性がある。

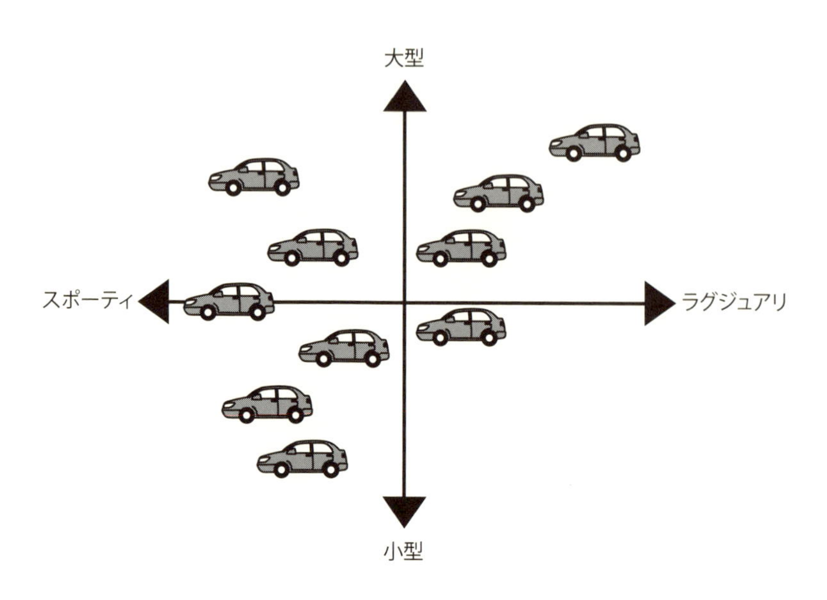

図6.4　2軸図（2×2、ツー・バイ・ツー）

(3) 親和図法

多量のアイデアなどの情報を整理する方法として、2軸図法と同様に有名な方法が親和図法である。親和図法は、数多くの情報を"意味の近さ（親和性）"に基づいてグルーピングしていく手法である。親和図法は、数多くの情報を整理したい状況、整理された情報からインサイトを得たい状況、テーマに対する多様な参加者の合意形成をしたい状況などで利用される（図6.5）。

親和図法では類似の情報をグループ化しタイトルづけを行い、グループ間の関連性を見い出したり、アイデアや意見や情報の集約を行う。ブレインストーミングによって得られた情報を親和性に基づいてまとめ、それを全体として捉える。これによって、これまで気づいていなかった傾向（インサイトなど）や枠組みを可視化することができる。集団で処理することにより、作成の過程で合意形成が行われる効果もある。親和図法は、ワイガヤにおける欲求の醸成や思考共通を手助けするツールとして有効に使えるだろう。ユーザの欲求する事象であったり機能であったりをブレインストーミングによって多く挙げた後で、それを主観的にまとめ上げていくことで、これまでの論理的な分析では気がつかなかったユーザの像が浮き彫りになったり、欲求が明確に見えてくるだろう。そして皆が納得できる欲求を醸成していくのを手助けしてくれるだろう。

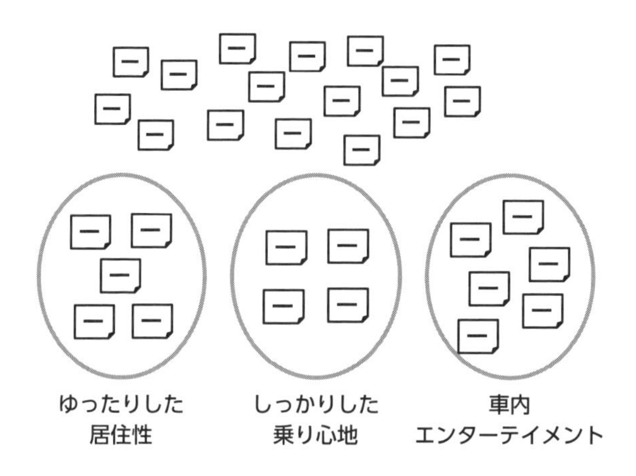

図 6.5 親和図法

（4）バリューグラフ

「バリューグラフ」[6-5]は、ある製品・サービスなどの目的・価値（バリュー）とその実現手段を求め、これらを構造的に表すことで対象の価値を構造化する手法である（図 6.6）。

検討する対象のコンセプトや機能を起点に、下位に向かって「具体的にどのように実現するか」を拡げていき、上位に向かっては「そもそも何の目的のためか」を振り返っていく。バリューグラフは、検討対象の上位の目的や価値を表す上部と、具体的な実現方法を表す下部に分けられる。最初に与えたコンセプトから上部の構造を指して「バリューラダー」と呼ぶこともあり、イノベーション創出の初期段階では主にこの上部を活用して解空間を広げることが有効であると言われている。バリューグラフは、検討する対象の「そもそもの目的や価値」を明らかにしたいときに利用されることが多い。また、より広い解空間の中で代替案を模索したいときにも手法の効果を発揮できる。

さらには、検討対象の目的や価値に対する多様な参加者の合意形成をしたいときにも利用できる。バリューグラフを作成することにより、コンセプトがおぼろげながら見えてくるが、最初に決めたコンセプトに固執してしまい、問題に対してもっと良い解決法が存在するにもかかわらず、なかなか当初のコンセプトを捨てられない傾向も散見される。「なぜ？」という問いを繰り返して上位の目的をさかのぼっていくことで、提供しようとしている価値も明確になり、より良い解決法に到達することができる。また、「見える化」された目的に対する「代替案の発見」にも有効である。

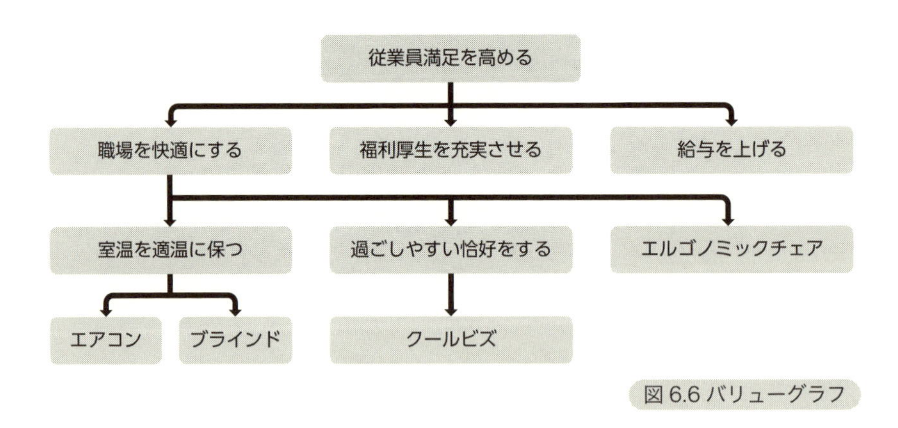

図 6.6 バリューグラフ

バリューグラフでの上位方向への探索

バリューグラフでは、検討する対象に対し「何の目的のため？」という問いを繰り返し、階段状に上位の目的や価値を求めていく。この様に上位の空間で求めた目的・価値を実現する代替案を下位方向で出すことにより、多くの代替案が発見でき、解空間を広げることができる。

バリューグラフでの下位方向の探索

検討する対象を「どうやって？」実現するかを求めていく。下部を求める際には、検討対象の顧客要求を明示し、これらを実現する手段を考案する。ワイガヤにおいては欲求の熟成が重要であるが、その熟成においてバリューグラフ的なアプローチが採用される。具体的には、「なぜ？」という問いを繰り返して上位となる欲求をさかのぼっていく。この過程を集団で行うことによって思考共通が実現される。

(5) ピュー・コンセプト・エバリュエーション

ピュー・コンセプト・エバリュエーション(6-6)は、複数ある解決案（コンセプト）を比較し絞り込んでいくための手法であり、チームの同意を得ながら実行することに特徴がある。スチュアート・ピュー氏が考案したもので、ピュー・コンセプト・セレクションとも呼ばれる。

複数のコンセプトの中から1つを基準（DATUM）に定め、あらかじめて選定した評価項目についてこの基準と比較する形でそれ以外のコンセプトを評価していく（図6.7）。評価を通じてアイデアの明確化が進んでいくため、基準とするコンセプトを入れ替えて何度も評価を行うと、評価が必ずしも一致しないことが起きる。この手法の目的は、評価したコンセプトの中から最適解を選ぶことではない。複数のコンセプトに対する評価を繰り返すことで、アイデアの明確化を行ったり、自分たちが評価すべき基準そのものが見えてきて評価基準を考え直したりする。また、複数のコンセプトを組み合わせることで新しいコンセプトが存在することに気づく。こうした過程を繰り返すことで、自分たちの評価基準が明確になっていき、その解決策であるコンセプトが収束していくのである。

ワイガヤには様々な専門を有した月ロケットが参加をする。それぞれが違った見方をしているため、評価基準は皆違っている。こうした中で、チームとしての評価基準を思考共通する。すなわち要求が定義される。この要求の合意の場面でピュー・コンセプト・エバリュエーションが使えそうである。全員で評価を繰り返すことで、自分たちが納得できる共通の評価基準が見えてくるだろう。

		アイデア				
		1	2	3	4	…
評価基準	A	基準	+	+	−	
	B		+	−	=	
	C		−	=	+	
	D		−	=	−	
	E		=	−	=	
	…					

+：基準より優れる　−：基準より劣る　=：基準と同等

図 6.7 ピュー・コンセプト・エバリュエーション

(6) 顧客価値連鎖分析（CVCA:CustomerValueChainAnalysis）

顧客価値連鎖分析（CVCA）(6-5)は、製品やサービスを取り巻く様々なステークホルダの関係性を価値の連鎖という視点から分析していく手法である（図6.8）。

ユーザを中心にあらゆるステークホルダを見ることで、金銭的な価値だけでなくものや情報さらには感情など定性的な価値の流れまで把握し、関係性を分析する。CVCA では、金銭的な価値の連鎖からビジネスモデルの妥当性を判断したり、非金銭的な価値の連鎖から製品の訴求点を見いだしたりすることが可能である。アイデア創出の初期段階で顧客を取り巻く価値の連鎖を確認・検討できるという特徴がある。CVCA ではユーザが置かれた状況を俯瞰してみることができる。そうすると、そのユーザにとってよりよい事象を想起できるのではないか。このように欲求の醸成の上で役立つツールとなるだろう。

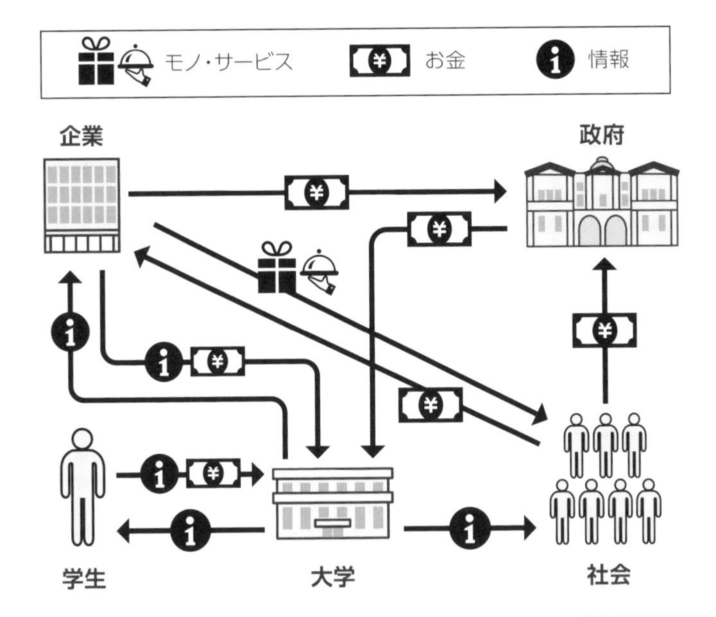

図 6.8 顧客価値連鎖分析（CVCA:CustomerValueChainAnalysis）の例

（7）プロトタイピング

プロトタイプは、問題に対する解決策のアイデアなどを頭から出して物質世界に落としこんだものであり、それを作る行為をプロトタイピングと呼ぶ。対象の製品・サービスのコンセプトや機能などを検討する際に、自分たちが本当に正しい方向に向かっているのかを具体的に確認するために行われ、ポストイット、ロールプレイング、空間や物、インターフェースからストーリーボードまで、物質的な形を取るものであれば全てプロトタイプとして使うことができる。

プロトタイプはプロジェクトの進行具合に対応して作られる必要があり、プロセスの初期段階から何度も行うことが重要とされている。初期段階は、素早く学んで多くの異なる可能性を調べられるようにラフで手早く作れるものをプロトタイプにし、プロセスの進行に伴って、必然的にプロトタイプは作り込まれたものになっていく。プロトタイピングを行うときには（1）何のためにプロトタイピングをするのか？（2）何をプロトタイプするのか？

（3）どうやってカタチにするのか？（4）どうやってテストをするのか？を事前に決めておくことが極めて重要である。

プロトタイプは、人々（チーム、ユーザ等）がそこから経験を得て、反応できたときが最も成功とされる。プロトタイプを通じた人々との対話によって学んだことがより深い共感へ導く手助けとなり、成功する解決策を形づくっていくのである。「百聞は一見にしかず」ということわざにあるように、アイデアを直接触れることができるモノとして示すプロトタイプは、意図であったり懸念であったりといった様々な考えを直接的に表現する。この効果によって、言葉の持つ曖昧さを取り除いた考えの伝達・共有を手助けするため、十分に意見が伝わっていない状況を減らすことができる強力なツールとして期待できる。また、モノにしてみることで、考えの及んでいなかった良さや問題点を発見する機会を与えてくれる。さらには実際に手に触れられるモノを媒体にすることで、ユーザと効果的に会話をする助けにもなり、さらにはユーザから思いもよらぬ反応が得られる場合もある。こうしてより深い共感を得られる機会にもなるのである。

ワイガヤでは「やってみる」ことが重視され、3現主義には現物に基づいて議論することが原則として謳われている。これはプロトタイピングを繰り返すデザイン・シンキングの考え方と共通している。例えばCVCCの開発の例では、あり合せの鋼管を溶接して燃焼室と触媒機をつないだプロトタイプを作成して実験をした。実際に作ってみたことで、予想していなかった配管内での未燃ガスの反応に気づいて、新たなアイデアが生まれていった。第5章では、既知の理論に基づいて考えるエンジニア型のプロセスより、あり合せのモノを組み合わせるブリコルール型のプロセスがイノベーションにつながるということを示した。デザイン・シンキングの手に触れることができるものを通じて考えるという姿勢にも共通した考え方が見て取れる。

6-8 デザイン・シンキングとワイガヤ

デザイン・シンキングには様々な手法やツールのテンプレートが用意され、デザインを円滑に進めることができるように工夫されている。しかしながら、日本での事例について私たちに聞こえてくる例では、手法やツールを使うことに依存してしまい、それらを使う目的や背後にある考え方が疎かにされてしまっている場合があるように感じる。きちんと根底にある考えを理解して実行することが肝要であろう。デザイン・シンキングと比較した場合のワイガヤの特徴的な点は、熱中者と月ロケットの対立が述べられていることであろう。デザイン・シンキングでは、集団での創造力を発揮するためにグループワークによる協調において、協力的な作業と批判的な作業とを明示的に分離して行うことが唱えられているのに対して、ワイガヤではむしろ厳しい議論の応酬を推奨しているのである。一方で、手順が明確に示されているわけではなく、手法やツール類が用意されていることもない。

本章においては、デザイン・シンキングの特徴をワイガヤと対比した。その上で、デザイン・シンキングの手法・ツール類をいくつか紹介し、ワイガヤへの適応の可能性について考えてみた。総じて言えば、デザイン・シンキングとワイガヤとは概念的には同じであろう。ここで優劣の議論をする気もない。ワイガヤであれデザイン・シンキングであれ、イノベーティブな製品を生み出せればどちらでも構わない。むしろ、デザイン・シンキングとワイガヤのいいとこどりをして、だれにでもイノベーションを起こせるようにすることが望まれる。その際に議論になるのは、デザイン・シンキングにはなく、ワイガヤの特徴である熱中者と月ロケットの対立であろう。例えば、デザイン・シンキングに月ロケットと熱中者がいる場合、どのような議論の進め方が望ましく、効果的であるのか議論する必要があるだろう。それは、ワイガヤがデザイン・シンキングに見られるような洗練された手法に昇華されることが必要なのか、それとも現在のワイガヤの哲学を別の方法で訴求することが必要なのか熟考する必要がある。デザイン・シンキングと同じように、ワイガヤで重要なのは集団で考えることである。デザイン・シンキングでは様々なツールを活用した協働、ワイガヤでは熱中者と月ロケットの対立という方法で集団の思考を活性化している。いずれにしても、今の世の中で、どんどんイノベーティブな製品が生まれていくような状態を作り出すことが望まれているのである。

参考文献

[6-1] IDEO U, Design Thinking, <https://www.ideou.com/pages/design-thinking>

[6-2] IDEO.org, The field guide to human centered design, <http://www.designkit.org/resources/1>

[6-3] Stanford University d.school, Bootcamp bootleg, <https://dschool.stanford.edu/resources/the-bootcamp-bootleg>

[6-4] 前野隆司，保井俊之，白坂成功，富田欣和，石橋金徳，岩田徹，八木田寛之，システム×デザイン思考で世界を変える 慶應 SDM「イノベーションのつくり方」，日経 BP 社，(2014)

[6-5] 石井浩介，飯野謙次，価値づくり設計，養賢堂，(2008)

[6-6] Stuart Pugh, Total Design: Integrated Methods for Successful Product Engineering, Addison-Wesley, (1991)

[6-7] IDEO, Design Thinking for Educators Designer's workbook, <https://designthinkingforeducators.com/toolkit/>

セレンディピティ実践の心構え

イノベーションを起こすには、セレンディピティが必須であるが、そのセレンディピティとは、従来、次の2つから成り立っているといわれる。

① 偶然の発見を得ること
② その発見から価値あるモノやコトを創出すること

たとえ当初の目的からすれば失敗に終わっても、失敗の中の何かに「気づき」、そこから「ひらめき」を得て、価値あるモノやコトを創出したときに、この気づき、あるいはひらめきから得た事象のことを発見というのである。実は、この失敗の中に本質が隠されているのである。この本質に「気づき」、偶然の賜物を獲得することが、セレンディピティを実践することである。成功するか否かは、「心構え」（図 1.7）次第である。いかなる不遇に陥っても、好奇心と前向きさで発想を転換させ、幸運（新たな発見）に変える柔軟な思考をもつことが必要である。

本書のテーマである「ワイガヤ」は、セレンディピティを偶然ではなく、必然的に起こるようにして、誰でもイノベーションを実践できるようにすることが目的である。だから、実行に当たっては、気づきやひらめきを生み出すための「環境・状況」（図 1.4）を整え、セレンディピティを生み出す行動の原点となる「理念」（図 1.8）を尊重する。

しかし、これだけでは、セレンディピティを待っている姿勢には変わりがないと考える人もいるだろう。たしかに、そう簡単にはことが運ばないのも事実である。慣れてコツをつかむまでは、やはり「経験」を必要とすることが否めないからだ。

そこで、本書を締めくくるにあたって、セレンディピティの実践例を取り上げて、それらの共通事項を整理しワイガヤとの対比を試みる。これにより、ワイガヤを実行するときのポイントを明確にして、経験をあまり必要としなくても誰にでもセレンディピティを実践できるようする。つまり、セレンディピティを手中に収めてイノベーションを実現するために、それにつながる「発見」や「気づき」を得るためにすべきこと、また、そこから「ひらめき」を得るためにすべきことを整理したい。

7-1 発見をするためになすべきこと

偶然の発見を得て、パラダイムシフトを起こすような大発明に至った例を挙げると、第1章で取り上げた田中耕一の例やノーベルの例、第2章では、ミシン針の開発やG-SHOCKに開発例、そのほかにも例を探してみると枚挙に暇がない。そこでこれらを整理してみると**表7.1**のようになる。

発見のきっかけ	当初の目的	気づき	発見したモノ、コト	開発品
失敗（間違い）	たんぱく質の質量を測定	間違い	たんぱく質の気化方法	たんぱく質分析器
	強力な接着剤の開発	失敗	剥がれやすい接着剤	ポストイット
	新しい飲み物の開発	間違い	炭酸飲料	コカ・コーラ
	人口クラゲの開発	狙いと異なる	カニの味と触感	カニカマ
逆行	半導体結晶の調査	ありえない特性	順方向のトンネル効果	江崎ダイオード
	青色ダイオードの開発	材料ガスが届かない	GaNの不成長原因の発見	青色ダイオード
	レース用エンジンの開発	華奢な軸受	ベアリングの使い方	高回転高出力エンジン
異変	ニトログリセリンの移動	こぼれた	ニトログリセリンの安定化手法	ダイナマイト
	電磁管の検査	溶けるチョコレート菓子	マイクロ波の過熱機能	電子レンジ
	金属に電子線を当てる実験	感光紙に骨が写る	物体を突き抜ける光	レントゲン
理詰め	理論検討	落下運動	万有引力	万有引力の法則
	理論検討	重力と加速運動が等価	特殊相対性理論の一般化	一般相対性理論

表7.1 発見に至る経緯

ここから言えることは、発見のきっかけは、当初の目的や開発途中の意図からすると「失敗」であったり、常識的な行為や考え方に対して「逆行」したことや、開発の過程で周囲に起きた「異変」に気づいたこと、および現象を分析し「理詰め」で考えること、に分類できることだ。このことは、多くの実践事例に共通点があることを意味する。ここに目をつけると、「失敗」「逆行」「異変」「理詰め」の実例を熟知して、その場、その場で適宜、使いこなすことができれば経験を省略することができるのだ。そこで、これら分類にしたがって、発見をするためにすべきことを見てみよう。

(1) 失敗をきっかけとした発見の例

失敗は、第1章でも述べたが、間違えてコバルトの微粉末にグリセリンをたらし混ぜてしまった田中耕一の例のように、失敗をきっかけに気づきを得て発見に至る事例である。失敗に気づいたが、「捨てるのも何だし」と実験してみたところ、新たな発見に至った。

当時田中は、たんぱく質の質量を正確に測定し分析する方法の研究に取り組んでいた。これができると、微量の血液による病気の早期診断が可能になるからである。まさに、医療界におけるパラダイムシフトを企てようとしていたのである。

たんぱく質を精密に質量分析するためには、たんぱく質を壊さずにイオン化する必要があった。田中は、レーザーを効果的に吸収する媒質（マトリクス）うまり補助剤を探し出し、その中にたんぱく質を分散しておけば、マトリクスが急速に加熱されて、たんぱく質分子もろとも気化して無傷のままイオン化できるのでは、という仮説のもとに、生体高分子試料に別の物質を混ぜたうえでレーザーを当てる実験に取り組んでいた。

マトリクス材として金属の微粉末や有機物など、様々な物質を試したが、いずれも上手くいかなかった。ところがある日、偶然に、コバルトの微粉末に誤ってグリセリンを垂らしてしまった。つまり失敗してしまったのだ。しかし、これをマトリクスとして使ってみたところ、思いがけずうまくいったのである。ちなみに、コバルトは、銀白色の鉄に似た光沢をもつ金属であり、グリセリンは、アルコールの一種で、食品添加剤として甘味料や保存料、医療や化粧品として保湿剤などに使われているものである。

この幸運の場面に遭遇するまでに、田中は今までの知識や経験を使って知る限りの物質を試して実験したに違いない。そして気持ちの上では、やりつくして、もはや解決の糸口を見失っていたかもしれない。今までであったら、一笑して廃却していたところであったが、糸口を見失っているので、そんな余裕はなく、新たな糸口に対して藁をもすがるつもりで試してみたのではないだろうか。そう考えると、このような情況をつくること（図1.4）と、解析結果に対して柔軟性をもって多方面から眺め新たな発見に変える（図1.5）ことが求められる。前者は、高い目標設定、後者は、不屈な精神と課題を克服する術を身に付けることにより達成できる。ワイガヤは、専門家を招集し、本音で議論を戦わせることにより知識を拡張し欲求を高める作用と、不屈の精神と課題を克服する術を身に付けることができるのである。

このほかの身近な例を探してみると、本の栞の代わりにちょっと貼っておくと便利な「ポストイット」もそうである。強力な接着剤を作ろうとしていたが、できあがったものは大失敗、意図したものとは反対の簡単に剥がれてしまう役にたちそうもない接着剤ができあがってしまったのである。しかし逆転の発想で、簡単に剥がせる性質をうまく活かして付箋の糊に利用するというアイデアをひらめいた。つまり、たやすく剥がせる糊（接着剤）という新たな価値を見出した（発見）したのである。

このような逆転の発想で、新たな用途を見つけ出し価値に変えるのは容易ではない。既成概念、固定観念を外して、多種多様な人の情報に耳を傾け、可能性のあるものをしらみつぶし的に、やってみたのである。この努力は、並大抵のものではないが、付箋にたどりつくまで、つまり、成功するまでやり抜いたことが成功につながったのである。

失敗をきっかけに発見に至った例は、そのほかにも、新しい飲み物を開発中に水と炭酸水を間違って入れてできた「コカ・コーラ」の発見や、人工クラゲを作ろうとして大失敗したが、気持ちを切換え新たな発想に転換して試食してみると味と触感がカニに似ていることに気づき、人工カニ肉への転用をひらめいたカニカマの発見など、非常に多い。

間違いと思っているのは、自分の意図と異なってしまったからである。既成概念をベースに、こうでなくてはいけないという決めつけや思い込み（固定観念）が強く働いていると、大発見とすぐ隣り合わせにいても、あるいは発想の転換で大発見に繋がるかもしれない事象でも、これらを見逃してしまうのである。たとえ当初の目的からすれば失敗だと思っても、そこでめげずに気持ちを新たにして、発想の転換を試みることで、新たな気づきを得て、そこからひらめき、まったく別の価値あるものを発見する可能性があるのである。目的や目標を再設定、あるいは意図を変更することに臆することなく柔軟に対応することである。

(2) 逆行をきっかけとした発見の例

逆行は、だめかもしれないけど、みんな（常識）とは、あえて反対のことやってみる、あるいは限界を知るために反対のことをやってみる、という具合に逆の手順で行ってみて発見を得る事例である。

有名な話では、江崎ダイオードの例である。トランジスタの歩留まりの悪さを解決するために半導体結晶の不純物濃度の限界を調べていたときに、通常ではありえない特性が現れた。このことに気づいたときは、最初は間違いかと思ったが、何度でも再現することを確認して、トランジスタの順方向にもトンネル効果があることを発見したのである。当時の量子力学では、逆方向にのみトンネル効果が現れるのが定説であった、そんな時代のできごとである。この発見から、トンネル効果を最大限利用したダイオードがひらめき、実用化と共に成果を発表し、後のノーベル賞に輝いた。

このほかにも青色発光ダイオードの例がある。当時の応用物理学会では、セレン化亜鉛という材料の結晶を成長させて青色発光ダイオードを作ろうとする研究者が多数派であり、窒化ガリウムという材料の結晶を成長させて作ろうとするのは少数派であった。それは、窒化ガリウムの結晶というのは、成長させにくく、扱いの難しいものとされ、窒化ガリウムを使って青色発光ダイオードを作ろうという発想すらなかったからである。世界中の研究者から「あれはダメ」「使えない」というレッテルが貼られていた。

しかし中村は「あれだけ優秀な人たちが取り組んでもうまくいかないのだから、むしろ、ダメと言われている世界中でみんながやっていない分野に挑んだ方がよいのでは」ということと、逆転の発想で、「作りにくいけれど頑丈だから、一度完成すれば、すごく長持ちするのではないか」と考え、窒化ガリウムに着目した。その後、青色発光素子である窒化ガリウム (GaN)

の結晶を製作するツーフローMOCVD（Metal Organic Chemical Vapor Deposition：有機金属気相成長法の略称）という製造装置を発明し、高輝度の青色発光ダイオードの開発に成功した。

従来のMOCVD装置では、水平に置かれた基板に上方から材料ガスを供給していたので、高温に熱せられると、基板表面からの熱対流により材料ガスが舞い上がり基板まで届かないことに気づき、これが原因で成長を妨げていることを発見した。そこで、横方向から窒素の原料となるアンモニア（NH_3）を流す方式のツーフローMOCVDがひらめいた。これにより、基板にうまく窒素（N）原子を付着させることができ、困難と言われていた窒化ガリウムの結晶をうまく成長させることに成功したのである。今まで長年にわたってできなかったのは、可能性のない物質を多くの研究者が研究していたのだから当たり前だ。魚のいない川で釣りをしても釣れないのだ。見切りをつけて、さっさと諦め、みんなと異なる方向を目指すべきである。

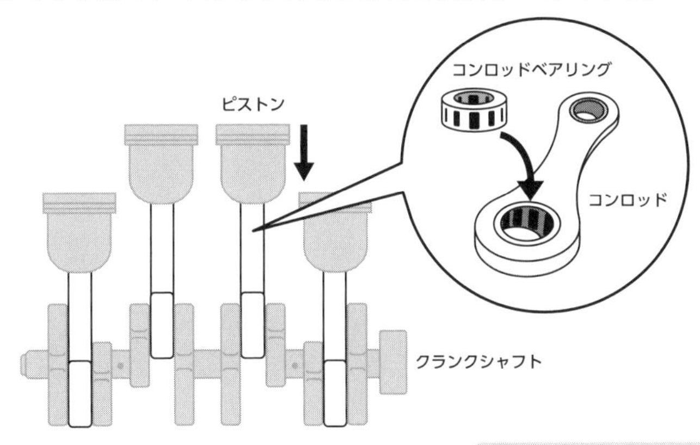

図7.1　コンロッドのベアリング

もう一つ、ホンダの例を紹介しよう。レース用エンジンを開発していたときのことである。エンジンのコンロッド（図7.1）のベアリングが、回転を上げると焼き付いてしまった。対策として容量の大きい頑丈なベアリングに変えてみたものの、一向に改善の跡が見られない。途方に暮れているときに、ある技術者が、いかにも壊れそうな小さく華奢（きゃしゃ）なベアリングを持ってきて「（頑丈という方向自体が）間違いなのではないのか」と助言してきた。

この話を聞きつけた社長は、そのベアリングを手に取ってまじまじと見つめながら、「思いっきって華奢にしてみろ」と言った。しぶしぶ設計図を描いてはみたものの、試作課長からは「こんなものを本気で作らせるのか」と今までと逆行する開発を渋る声が漏れた。こんな小さなベアリング入れてエンジンを回せば、たちどころに破壊することは火を見るより明らかだというのである。

仕方なく、エンジンを壊すのを覚悟して恐る恐る回してみると、ほとんどの人の予想を裏切って、回ってしまったのである。回った後からよく考えてみると、不等速回転するベアリングに慣性力が作用する訳であるから、たとえ華奢であっても軽量の方がよいことに気づいたのである。

この気づきは、理論から出てきたものではなく、誰かの一言に端を発して、それまでのなかば決めつけのような「頑丈でなければならない」という考え方と逆行するアプローチが得られたものであり、机上ではなく、実物で試すことによって解を得られたという例である。

この例のように、課題に立ちはだかれ前に進めなくなったときには、逆行してみることも必要である。その際に、固定観念が強固にできあがってしまうと、議論では立ち行かなくなるので、実物での確認が早道である。原点は3現主義にある。

（3）異変をきっかけとした発見の例

異変は、本来の目的とは異なる変化に気づいて発見に至るケースである。第1章でも述べたが、ノーベルのダイナマイトに繋がる現象の発見がそれにあたる。鋭敏な爆発物であったニトログリセリンを、誤って珪藻土に溢したことに「気づき」、このときにニトログリセリンが爆発せずに珪藻土に吸収されてゆく様子を目の当たりにし、まさにダイナマイトに繋がる根本となる現象を「発見」した瞬間である。普通の人であれば、この場から逃げることを最優先に考え、何事も起こらなければ、胸をなでおろして無事であった幸運に感謝してその日を終えることだろう。ノーベルは、好奇心からくる探求思考が並外れていたのである。

このほかにも、電子レンジやX線（レントゲン）の例がある。電子レンジの例では、マイクロ波（電磁波）を発する電磁管を検査している最中にポケットのなかに忍ばせていたチョコレート菓子が溶けている異変に「気づき」、マイクロ波の加熱機能を「発見」した。これにより、調理機器への応用が「ひらめいた」のである。またレントゲンの例では、金属に電子線を当てる実験中に、感光紙に自分の骨の影が写っていることに「気づき」、物体を突き抜ける光、つまり放射線の存在を「発見」した。この放射線を数学の未知数を表すXを用いてX線と命名したのが発見者のレントゲンである。

これらの事例からも、第1章の図1.7で説明したように、先入観を取り払い、気づいた偶然の事象を素直の捉え、駄目と思ってもそのときの「気づき」を大切にして、「発見」に変えることの重要性が確認できる。

(4) 理詰めによって発見に至った例

理詰めは、実際に物を作るのではなく、自然現象や実現象に触れて、あるいは理論を頼りに「気づき」を得て「発見」に至る事例である。ニュートンの万有引力の発見や、アインシュタインの一般相対性理論の発見がそれである。

アインシュタインは、重力と加速運動が等価であることに「気づき」、特殊相対理論の一般化というアイデアが「ひらめき」、試行錯誤の結果、発見に至った。一般相対性理論は、最近になって、つまり理論提唱後100年を経て、ようやく直接産業に役に立ち始めた。たとえば、GPS（Global Positioning System：全地球測位システム）で対象物の位置を決める際、同理論を用いて計算することによって位置ずれを起こさなくなった、などである。

この理詰めの発見は、発見できる確率が非常に低い。しかし、近年ではシミュレーション技術が進んだことから期待が寄せられている。

このように発見のドラマは、「失敗」「逆行」「異変」「理詰め」の場面から始まるのである。

あっ、間違った、失敗したと思っているのは、自分の意図することと異なってしまったからで、こうでなくてはいけないという決めつけや思い込みが強く働いた結果である。しかし、解は、決めつけや思い込みの呪縛から解放されたところにある。失敗は、このことを気づかせてくれるものである。

さらに一つの方向に向かってやり切ったのちに、あえて逆行してみるというのも大切だ。大発見とすぐ隣り合わせにいて、発想の転換さえできればそれにたどり着くというポジションに居ても、みすみす見逃してしまっているケースも多々あるはずである。

また、異変に気づく柔軟な思考と前向きな好奇心を常に持ち続けることが必要であることは言うまでもないが、それで話を終えてしまうと、偶然の発見を期待したままで何ら進展しないことになる。発見を偶然でなく必然に変えるには、図7.2に示すように研究・開発のステップごとに、失敗事例を整理・再確認、発想の転換の可否検討、異変の調査、理詰めの検討を繰り返し実施する機会を設けることが重要である。そしてこれこそがワイガヤなのである。ワイガヤでは、タヌキがこうした振り返りや検討に議論を導く役割を担う。当初の計画の通り、ガチガチに固まった研究を進めても大きな成果を得ることは少ないので、ときおり、取りこぼした宝探しをしてみるのも楽しいものである。新しいことには、失敗はつきもの。恐れていては成功は覚束ないということを皆が共有しなければならない。

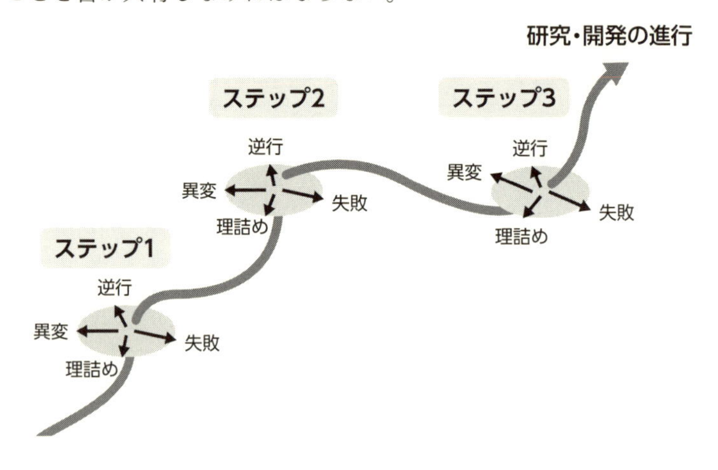

図7.2　各ステップごとに行う「失敗」、「逆行」、「異変」、「理詰め」の検討イメージ

7-2 気づきを得るためにすべきこと

前節で、発見を得るためにすべきことについて実践例をみてきた。そこで分かったことは、本節のテーマである気づきと発見とは密接な関係にあることだ。しかし、もう少し詳しく見てみると、違いがあることに気づく。たとえば、「廊下の木目に気づいてこの木目に沿って机を並べたらきれいに整列できた」としよう。このとき、「木目を発見して」それに合わせてきれいに整列できたとは言いづらい。やはり「木目に気づいて」の方がしっくりくる。つまり発見というからには、唯一無二、かつそれによるアウトプットが大きくなければしっくりこないのである。

次に、気づきと、ひらめきと発見の関係について考えてみることにする。アメリカ大陸を発見したコロンブスを例に考える。最初に島を見たときに、発見したというのであろうか。島の存在に気づくと言うのではないか。その次に、今探しているアメリカ大陸かもしれないとひらめくのではないだろうか。そして、現在位置を調査し、上陸してみて周囲を観察するなどして情報を集め、納得したところで、発見したということになるのだろう。そう考えると、「気づき」が最初で、次に「ひらめき」、そして事実確認が取れてから「発見」ということになる（図7.3）。

図7.3 気づき、ひらめき、発見のイメージ

それでは、ダイナマイトの例ではどうだろうか。まず、ニトログリセリンがこぼれていることに気づく。次に、その様子を見て爆発しないことに気づく。この事実は発見と言い換えても大丈夫そうである。この気づき自体に、爆発しないという事実が内包しているからである。どうも発見というときには、事実情報が確定しないといえない。

これらの例のように、気づいただけで発見と言えるものもあれば、「気づき」から「ひらめき」を得て、事実確認が取れて初めて「発見」と言えるものもある。これらに共通していることは、発見とは、唯一無二で、アウトプットが大きく、しかも事実確認がとれているものである。つまり専門性が必要なのである。しかし、気づきは、気づいた時点で事実が内包している場合もあるが、ほとんどの場合、これらの制約を受けない。誰でもできることなのだ。したがって、みんなで様々な「気づき」を生み出し、その中から解決すべき課題の「気づき」を探し、その気づきに専門性を加えて「発見」に変えることが必要なのである。これが「ワイガヤ」を上手く進行するために「月ロケット」が存在する理由でもある。だから、とにかく「ワイワイガヤガヤ」議論して、気づく機会を増やすのである。

7-3 ひらめきのためにすべきこと

ひらめきは、得られた気づきや発見から、特定の「手段」や「手法」、さらには具体的な「モノ」や「コト」などを思いつくことである。気づきの直後に瞬時にひらめく場合もあるし、思考を巡らせた後でひらめく場合もある。あたかも神からのお告げのように感じることから啓示を受けたと感じる場合もあるだろう。いずれにしてもひらめかないことには、イノベーションに繋がるモノやコトは生み出せないのである。それでは、このひらめきを促すために何をすべきなのか。この場合も、発見のために調査した実践事例を調べてみることにする。

(1) 失敗をきっかけとしたひらめき

発見のきっかけが「失敗」の場合からのひらめきはどのように得られるのであろうか。前出の田中の場合、間違いに気づいて、捨てるのもなんだしとばかりに実験してみたところ、気化するたんぱく質を発見したのである。しかし、田中は自身のコメントの中で「ひらめきはなかった」としているが、その後の分析機器への応用の具現化段階で「ひらめき」があったのではないかと推察できる。そう考えると、ひらめくためにすべきことは、具現化のための設計思考を磨くことである。第5章で一般設計学からワイガヤの有効性を説明したが、むしろひらめきのプロセスとして必要なものでもあるともいえるのだ。

次にポストイットの例では、簡単に剥がせる性質を上手く活かして付箋の糊に利用するというアイデアをひらめいた。このひらめきの中にも、簡単に剥がせるという「効果」、付箋に使用するという「目的」、市場規模などの「マーケット」、および糊という「技術」が内包していることに気づく。これらを「ひらめきの4要素」ということにする（図7.4）。つまり、ひらめきには価値が含まれていることである。だからそのひらめきの良し悪しは、その価値の部分に着目すればよいことになる。

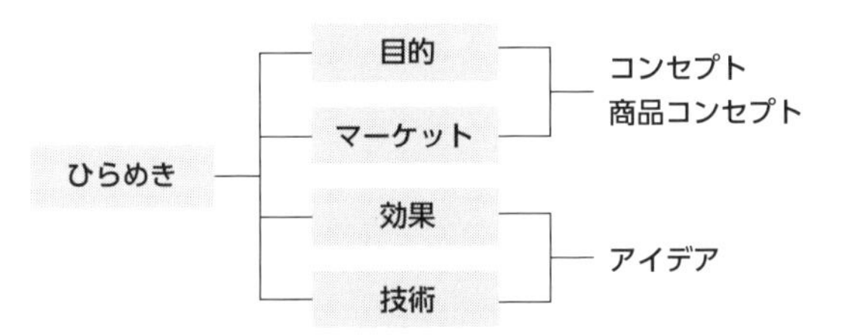

図7.4 ひらめきに内包される4要素

一般的には、4要素のうち技術に注目している場合が多く、しかも、技術に効果やマーケットが内包し、目的が想定できる場合が多い。たとえば、ポストイットであれば、剥がしやすい糊が付いた付箋であり、この中に、使用目的とその効果、技術が内包しており、しかもマーケットも大体推定できる。

次に、ひらめきを4要素に分割して考えると、何も4要素の全部揃っていなくてもよいことが分かる。目的に特化した「コンセプトのひらめき」や技術に特化した「アイデアのひらめき」、また、マーケットに特化した「商品コンセプトのひらめき」などのように分割して考えれてもよいのである。このように分割して考えて、小さな、あるいは不十分な「ひらめき」であっても､みんなで雪だるま式に転がして納得いくまで仕上げるのが「ワイガヤ」なのである。

それでは、コカ・コーラとカニカマの例ではどうだろうか。コカ・コーラでは、水と炭酸水を間違えて混ぜてしまい、それでもよいから飲んでみたら新しい感覚の飲み物ができていたというわけである。この新しい感覚の飲み物の中には、先述のひらめきの４要素（目的、効果、マーケット、技術）が内包しているのである。カニカマでも人工カニ肉への転用であるから、同様に４要素を内包していることが分かる。ほかの事例も表にしてまとめてもみると一層わかりやすい。

したがって、アイデアがひらめいたときに、そのアイデアには４要素が内包されていなくてならないのである。

（2）逆行をきっかけとしたひらめき

次に発見のきっかけが「逆行」の場合ではどうだろうか。江崎ダイオードや青色ダイオードの例をみてみよう。

江崎はトランジスタの順方向にもトンネル効果があることを発見して、この発見から、トンネル効果を最大限利用したダイオードを「ひらめいた」のである。やはり､このひらめきにもダイオードの「(使用) 目的」「効果」「マーケット」「技術」という３要素が内包している。それでは青色ダイオードの場合は、どうであろうか。従来の装置では、高温に熱せられると、熱対流により材料ガスが舞い上がり基板まで届かないことが窒化ガリウムの成長を妨げていることを発見した。そこで、横方向から窒素の原料となるアンモニア(NH_3) を流す方式のツーフローMOCVDがひらめいたのである。この場合は、課題を解決する技術をひらめいたのである。そもそも青色ダイオードが実現すれば光の三原色が揃うという効果と、それによる大きなマーケットが用意されているので、技術ができればそれで４要素が揃うのである。

ホンダのレース用エンジンを開発では、ある技術者の一言、「間違えた方向に行っているんじゃないのか」がきっかけとなって。この話を聞きつけた社長が「思いっきり華奢にしてみろ」という逆転の発想による対策を命じた。このとき誰もが「これだけ苦労しているにもかかわらず､いまだにできない」ことに途方に暮れており、「何か解決の糸口はないか」という焦燥感に駆られていたに違いない。その様はいわば思考停止状態に陥っている状況に等しかった。そこに気づいた社長からこれまでとは真逆の提案がなされたことで、藁をもすがる気もちで、飛びついたのであろう。その結果、意外にも当初の予想は大きく外れ、回ってしまったのである。そして実際に回ったのを見た後に、華奢であっても軽量の方がよいことに「気づいた」のである。この例では、ひらめきはない。気づきを頼りにやってみることが、成功に結び付いた例である。

逆行の例では、そもそも壁に突き当たっていて、先に進めない煮詰まった状態から、それまでと逆の方向に進むわけであるから、そもそもひらめきを期待すること自体が難しい。ここで重要なことは、ひらめかなくても気づきを頼りにやってみることである。とにかくやってみる。ひらめきは、4要素が揃っていないと共感を得られないので、この事例では、ひらめきは期待しなくても、やってみた後で、結果としてひらめきと同等のものが得られるのである。

(3) 異変をきっかけとしたひらめき

ノーベルのダイナマイトや電子レンジ、レントゲンの事例でも、ひらめきの4要素が内包されていることが分かる。

(4) 理詰めで考えたすえに得られたひらめき

ニュートンやアインシュタインのひらめきの場合、今までの事例とは異なり、あくまでも個人の興味の対象範囲の中での研究におけるひらめきである。だから、4要素のことなど気にもかけていない、といってよい。自己実現欲求がモチベーションになっている例である。

7-4 着想の原点は身近なところにある

発見のきっかけは、「失敗」に気づいての発想転換、今までのやり方と「逆行」してみて初めて分かる気づき、周囲に気を配って気づいた「異変」、あるいは「理詰め」で取り組み生まれた根本原理に繋がる気づき、から端を発しており、いずれも現場で起きている。これは、3現主義の基本理念とも合致する。

気づきは、ひらめきと異なり、「ひらめきの４要素」を内包していなくてもよい。したがって、エンジニアでなくてもよいし、営業でなくてもよい、どんな分野でもよいのである。重要なことは、第１章の図1.4で説明したように、「気づき」を生みだす４項目を整え、状況をつくりだすことである。「ワイガヤ」は、このことに注力しており、柔軟な思考と前向きな好奇心を常に持ち続け、欲求を高めることにより気づきを促すのである。そして、欲求をさらに高次元に高度化する上で重要なのが、みんなの思考を共通化してモノ・コトの本質を探し求めて議論することである。

私欲を捨てて、より社会的に、より哲学的に、より普遍的に、とスパイラルアップして顧客の価値を最高位に高めるよう議論される。みんなが主人公となり、課題解決の種（気づきやひらめき）に繋がりそうな着想なら何でも、議論の俎上に載せて転がして膨らまる。ダメなら、また次へと新たな「気づき」を求めて議論し、解に到達しそうな「ひらめき」が得られるまで繰り返す。

このときのポイントは、３現主義に則って、現場、現物、現実をベースに観察・考察・洞察し、机上の空論を排し、着想の原点を身近なところから探し出すことである。

本章で取り上げた事例もそうであるが、第１章で取り上げたキュニョーがヤーコプ・ロイポルトの著書を参考にした例やジェームス・ワットがニューコメンの蒸気機関の効率の悪さに目をつけたように、着想の原点は身近なところにあるのである。

だから、多方面からの、つまり「失敗」「逆行」「異変」「理詰め」などの観点から自由闊達な議論により気づきを促し、専門家を混じえてひらめき（具体化）に発展させるのである。集団がもつ多様性を引き出し様々な知識が共有できれば、個人だけでは到達できない新しい世界が開け、思いもよらぬアイデアが浮かぶのである。

トーチ点火方式エンジンの開発例のように、やってみなければわからない状況であっても、着想の原点は身近なところにあるということを信じて、実践の場で現物、現実と対峙しながら事実を素直に俯瞰できれば、思考の殻（既成概念、固定観念）が破れ、そこから「気づき」を得て、「ひらめき」に発展させることができ、不可能とされていた課題解決の扉が開かれるのである。

ひらめきは、気づきとは異なり、ひらめきの４要素を内包していなくてはならない。だから、ワイガヤには、「熱血者」「月ロケット」「タヌキ」という構成が必要なのだ。「月ロケット」と「熱中者」の役割は、異なる視点、具体的にはビジネス（パフォーマンス）と技術（実現性）の視点から議論を戦わせることで欲求を高め、多くの気づきを得て、ひらめきへと発展させる。このひらめきの中から4要素を内包する良いひらめきを選定し、次の段階の「要求」、「設計解」へとさらに具体的に、コマを進めるのである。このとき、これらを俯瞰して、ときには方向を変え、ときには最初からやり直すなどして、制御をするのがタヌキの役割である。このような役割を演じる人たちが、イノベーションを生み出すのである。

このときに、最も重要なことは、社会や顧客に対する価値でパラダイムシフトを起こすモノ・コトを具現化することであり、ひらめきの4要素による価値の高さに依存するのである。

価値を高めるには、欲求を高めることである。欲求を誰でもわかるように示すツールとして、分析ツールを適宜選んで使うのは有効である。上手く使って欲求が分かりやすく表現できれば、心の奥底にあるみんな誰でも持っている欲求が喚起され、本音の議論が誘導できる。そして、欲求を膨らませてみんなの納得のゆくレベルまで高めることができれば、つまり思考が共通化されれば、目的や目標などが共有される。かといって、ツールがあれば誰でもできるわけではない。使い方が分からなければならないし、なにより使いたいと思う気持ちであり、使う必要性なのである。本書では、この部分を欲求として強く主張しているのである。

よくあるケースとして、熱中者が存在しない場合がある。その場合、オペレーション頼りで分析ツールをいっぱい揃えていくが、袋小路にはまって議論が先に進まなくなるのである。具体的に言うと、目的、目標が決められないのである。目的、目標は、欲求の具体化であり、ひらめきが必要なのだ。

そのようなときには、タヌキがしゃしゃり出て、ご隠居役を演じる。社会の課題や会社の課題に対して提言したり、フィロソフィーや創業者の言葉などを巧みに使って理想を語り、小さくてもよいから欲求を呼び起こすことに尽力する。こうして生まれたみんなの小さな欲求から好奇心や探求心を目覚めさせ、気づきを促しひらめきに膨らませる。そして、このひらめきからまた新たな気づきへ、という具合に雪だるま式に膨らませて大きな欲求に展開するのである。

このように、ワイガヤは、知識を増やし拡張することにより、セレンディピティのような、つまりスタート時点では予想し得なかった解を得るために行う活動である。専門家を招集して本音の議論が行われるまで、つまり思考共通されるまで時間をかけることもいとわないで、議論の俎上に載せる知識を増やすことに全精力を注ぐ、これこそが欲求を生み出し膨らませる原動力であり、セレンディピティを必然へと変える仕組みの本質なのだ。

おわりに

本書は社団法人　日本機械学会　設計工学・システム部門“ひらめきを具現化するSystem Design”研究会の中で議論した内容をまとめたものである。2014年より足掛け4年にわたる研究会と3年継続した日本機械学会年次総会先端技術フォーラムにてご講演を快く受けて頂いた先生方や御参加して頂いた方々の貴重な御意見を賜り感謝を申し上げる.

また、ワイガヤやデザイン・シンキングに関する内外の多くのすぐれた書物・論文をベースに議論できたことに対して，これらの著者に深謝の意を表すると共に、本書の出版に際しご尽力いただいた日刊工業新聞社　天野慶悟氏に御礼申し上げる。

2018年3月　著者

欧・数

あ

か

さ

た

な

著者略歴

清水 康夫（しみず やすお）

1954年群馬県生まれ。1978年東京電機大学工学部精密機械工学科卒業。㈱本田技術研究所定年退職後、現在東京電機大学工学部先端機械工学科教授。博士（工学）。専門は自動車工学、機械設計学。日本機械学会フェロー、2005年全国発明表彰特別賞特許庁長官賞、2006年市村産業賞本賞、2009年文部科学大臣表彰科学技術賞など受賞、2011年学問技術・発明の分野で紫綬褒章を受章。園遊会に出席。日本機械学会“ひらめきを具体化するSystem Design研究会”幹事。著書「先端自動車工学」（2016年東京電機大学出版局）

青山 和浩（あおやま かずひろ）

1963年愛知県豊田市生まれ。1989年東京大学大学院工学系研究科船舶工学専攻修士課程修了。1989年三菱重工（株）入社。1997年東京大学助教授。2008年東京大学教授。博士（工学）。日本機械学会フェロー、日本船舶海洋工学会功労会員。日本学術振興会 システムデザイン・インテグレーション第177委員会 委員長。グッドデザイン審査委員（2015-17）。日本機械学会“ひらめきを具体化する System Design研究会”主査。著書「知識システムⅡ」（2018年丸善出版）。「造船工作法」（2012年成山堂書店）

白坂 成功（しらさか せいこう）

1969年広島県生まれ。94年東京大学大学院工学系研究科修士課程修了。三菱電機（株）を経て、現在、慶應義塾大学大学院システムデザイン・マネジメント研究科教授。博士（システムエンジニアリング学）。専門はシステムズエンジニアリング、システムデザイン方法論。日本機械学会“ひらめきを具体化する System Design研究会”幹事。著書「システム×デザイン思考で世界を変える」（2014年日経BP社）、「価値創出をになう人材の育成」（2016年東京電機大学出版局）、「システムデザイン・マネジメントとは何か」（2016年慶應義塾大学出版会）

大泉 和也（おおいずみ かずや）

1984年東京都生まれ。2013年東京大学大学院工学系研究科システム創成学専攻 博士号取得、2017年東京大学助教、博士（工学）。日本機械学会、日本設計工学会、The Design Society会員。日本機械学会“ひらめきを具現化するSystems Design研究会”幹事補佐

内田 孝尚（うちだ たかなお）

1953年北海道生まれ。1976年横浜国立大学工学部機械工学科卒業。1979年（株）本田技術研究所入社。2018年同社退社。博士（工学）。日本機械学会フェロー。日本機械学会“ひらめきを具現化するSystems Design研究会”幹事。著書「バーチャルエンジニアリング」（2017年日刊工業新聞社）

ワイガヤの本質
“ひらめき”は必然的に起こせる

NDC500

2018年3月26日　初版第1刷発行　（定価はカバーに表示してあります）

©著　者　清水康夫、青山和浩、白坂成功、大泉和也、内田孝尚
発行者　井水　治博
発行所　日刊工業新聞社
〒103-8548 東京都中央区日本橋小網町14-1
電　話　書籍編集部　03（5644）7490
販売・管理部　03（5644）7410
F A X　03（5644）7400
振替口座　00190-2-186076
U R L　http://pub.nikkan.co.jp/
e-mail　info@media.nikkan.co.jp
デザイン・DTP　HOPBOX
印刷・製本　新日本印刷

乱丁本・落丁本はお取り替えいたします。
2018 Printed in Japan
ISBN 978-4-526-07817-0